令和5年略暦

平年　　癸卯

西暦2023年・皇紀2683年

大	
一	癸丑 一日
三	乙卯 一日
五	丁巳 一日
七	己未 一日
八	庚申 一日
十	壬戌 一日
十二	甲子 一日

小	
一	甲寅
[illegible]	[illegible]
六	戊午 一日
九	辛酉 一日
十一	癸亥 一日

国民の祝日

元日	一月一日
成人の日	一月九日
建国記念の日	二月十一日
天皇誕生日	二月廿三日
春分の日	三月廿一日
昭和の日	四月廿九日
憲法記念日	五月三日
みどりの日	五月四日
こどもの日	五月五日
海の日	七月十七日
山の日	八月十一日
敬老の日	九月十八日
秋分の日	九月廿三日
スポーツの日	十月九日
文化の日	十一月三日
勤労感謝の日	十一月廿三日

民俗行事

旧元日	
初午	
ひな祭	
花まつ	
メーデ	
端午	
七夕	
ぼん	
十五	
十三	
七五	日

甲子	天赦	八専
一月六日	一月六日	二月廿三日
三月七日	三月廿一日	四月廿四日
五月六日	六月五日	六月廿三日
七月五日	八月四日	八月廿二日
九月三日	八月十八日	十月廿一日
十一月二日	十月十七日	十二月廿日

庚申	土用	十方暮れ
一月二日	一月十七日	一月廿六日
三月三日	四月十七日	三月廿七日
五月二日	七月廿日	五月廿六日
七月一日	十月廿一日	七月廿五日
八月卅日		九月廿三日
十月廿九日		十一月廿二日
十二月廿八日		

己巳	彼岸	社日	天一天上	三伏日
一月十一日	三月廿一日	三月廿一日	二月四日	初伏 七月十一日
三月十二日	九月廿三日	九月廿七日	四月五日	中伏 七月廿一日
五月十一日			六月四日	末伏 八月十日
七月十日			八月三日	
九月八日			十月二日	
十一月七日			十二月一日	

二十四節気

小寒	一月六日
大寒	一月廿日
立春	二月四日
雨水	二月十九日
啓蟄	三月六日
春分	三月廿一日
清明	四月五日
穀雨	四月廿日
立夏	五月六日
小満	五月廿一日
芒種	六月六日
夏至	六月廿一日
小暑	七月七日
大暑	七月廿三日
立秋	八月八日
処暑	八月廿三日
白露	九月八日
秋分	九月廿三日
寒露	十月八日
霜降	十月廿四日
立冬	十一月八日
小雪	十一月廿二日
大雪	十二月七日
冬至	十二月廿二日

日曜表

一月	一日、八日、十五日、廿二日、廿九日
二月	五日、十二日、十九日、廿六日
三月	五日、十二日、十九日、廿六日
四月	二日、九日、十六日、廿三日、卅日
五月	七日、十四日、廿一日、廿八日
六月	四日、十一日、十八日、廿五日
七月	二日、九日、十六日、廿三日、卅日
八月	六日、十三日、廿日、廿七日
九月	三日、十日、十七日、廿四日
十月	一日、八日、十五日、廿二日、廿九日
十一月	五日、十二日、十九日、廿六日
十二月	三日、十日、十七日、廿四日、卅一日

雑節

節分	二月三日
八十八夜	五月二日
入梅	六月十一日
半夏生	七月二日
二百十日	九月一日

※本書は2022年6月に製作しました。掲載の祝日は「国民の祝日に関する法律」により変更される場合があることをご了承ください。

目次

暦の基礎知識 3

本年の方位の吉凶と、暦の見方や基本的な用語について詳しく解説しています。

行事・祭事 29

行事、旧暦、六輝、暦注、東京・大阪の日出入、満干潮の時刻などを掲載しています。

九星別運勢と方位の吉凶 55

九星別の年運・月運・吉日、方位の吉凶を掲載しています。生まれた年から自分の九星を調べ(56～57ページ参照)、毎日の生活の指針にしてください。

実用百科 116

人相や手相の見方、家相など、実用的な情報が満載です。

高島易断吉運本暦

暦の基礎知識

著作権所有

令和5年・年盤座相

西暦2023年

癸《みずのと》卯《う》　四緑木星《しろくもくせい》

金箔金《きんぱくきん》　井宿《せいしゅく》

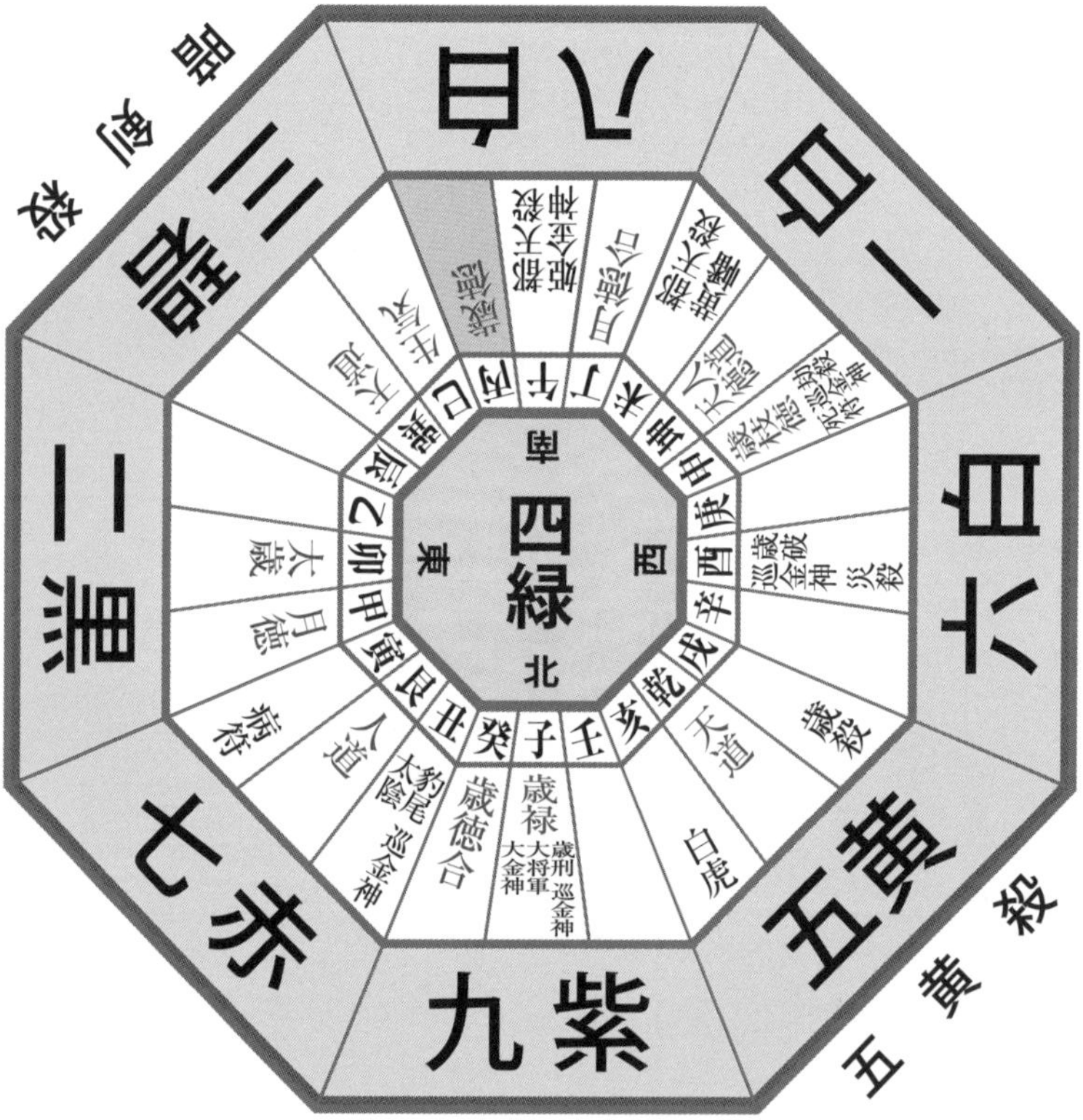

（吉神・凶神）

本年の方位吉凶の説明

令和五年は、癸卯《みずのとう》四緑木星中宮《しろくもくせいちゅうぐう》で、納音《なっちん》は金箔金《きんぱくきん》、二十八宿は井宿《せいしゅく》にあたります。前ページ令和五年の年盤座相のように四緑が中央に配され、北に九紫、東北に七赤、東に二黒、東南に三碧、南に八白、西南に一白、西に六白、西北に五黄がそれぞれ配されます。

したがって今年の五黄殺《ごおうさつ》は西北、暗剣殺《あんけんさつ》は東南です。歳破《さいは》は酉の方位になります。

これによって、本年二月立春から翌年の節分までの方災は次のようになります。東南、西北、酉の方位に向かっての普請、動土、造作、改築、土木工事、長期旅行、移転などをすることは、どなたにも大凶となります。各人の本命星が回座しているところを本命殺、その反対側を本命的殺と称し五黄殺、暗剣殺、歳破と共に大凶方となります。これらの方位を犯しますと、すべてに厳しい方災が生じます。

なお神殺《しんさつ》と称して十干と十二支により、子方《ねのかた》に歳刑《さいぎょう》、巡金神《めぐりこんじん》、大将軍《だいしょうぐん》、大金神《だいこんじん》、丑方《うしのかた》に豹尾《ひょうび》、巡金神《めぐりこんじん》、太陰《だいおん》、寅方《とらのかた》に病符《びょうふ》、午方《うまのかた》に都天殺《とてんさつ》、姫金神《ひめこんじん》、未方《ひつじのかた》に都天殺《とてんさつ》、黄《おう》幡《ばん》、申方《さるのかた》に劫殺《ごうさつ》、巡金神《めぐりこんじん》、死符《しふ》、酉方《とりのかた》に歳破《さいは》、巡金神《めぐりこんじん》、災殺《さいさつ》、戌方《いぬのかた》に歳殺《さいさつ》、亥方《いのかた》に白虎《びゃっこ》などが回座《かいざ》しています。

これらの主な神殺については、7ページからの方殺とはの説明をご参照ください。

本年の吉神処在方

本年は南方のうち、丙方が歳徳《としとく》にあたり、恵方《あきのかた》となります。丙方《ひのえのかた》に歳徳《としとく》、甲方《きのえのかた》に月徳《げっとく》、卯方《うのかた》に太歳《たいさい》、巽方《たつみのかた》に天道《てんどう》、巳方《みのかた》に生気《せいき》、丁方《ひのとのかた》に月徳合《げっとくごう》、坤方《こんのかた》に人道《じんどう》、天徳《てんとく》、申方《さるのかた》に歳枝徳《さいしとく》、乾方《いぬいのかた》に天《てん》道《どう》、子方《ねのかた》に歳禄《さいろく》、癸方《みずのとのかた》に歳徳合《としとくごう》、艮方《ごんのかた》に人道《じんどう》が回座しています。

二十四山の同じ方位に吉神、凶神が回座する場合は、吉神が凶神を制化することが原則です。ただし五黄殺、暗剣殺、歳破が回座する方位は制化できません。

本年の八将神、金神の処在方

●八将神の処在方

太歳神《たいさいじん》 **卯方**《うのかた》 この方位に向かっての、樹木の伐採掛け合い、談判などは凶。

大将軍《だいしょうぐん》 **子方**《ねのかた》 この方位に向かっての、動土、普請、移転、旅行などは凶。

太陰神《だいおんじん》 **丑方**《うしのかた》 この方位に向かっての、出産、結婚などは凶。

歳刑神《さいぎょうじん》 **子方**《ねのかた》 この方位に向かっての、種播き、樹木の伐採、動土は凶。

歳破神《さいはじん》 **酉方**《とりのかた》 この方位に向かっての、普請、造作、移転、旅行などは凶。

歳殺神《さいさつじん》 **戌方**《いぬのかた》 この方位に向かっての、結婚、出産、移転、旅行などは凶。

黄幡神《おうばんじん》 **未方**《ひつじのかた》 この方位に向かっての、建築、移転、結婚などは凶。

豹尾神《ひょうびじん》 **丑方**《うしのかた》 この方位に向かっての、従業員の採用、家畜を求めることなどは凶。

●金神の処在方

動土、普請、移転、婚礼などを忌む。

大金神《だいこんじん》……子方《ねのかた》

姫金神《ひめこんじん》……午方《うまのかた》

巡金神《めぐりこんじん》……申方《さるのかた》、酉方《とりのかた》、子方《ねのかた》、丑方《うしのかた》

●凶方神の遊行日

大将軍は三年塞がりの大凶方ですが、遊行日を利用すれば障りはありません。金神も同様ですが、九紫火星か天道、天徳、月徳を用いると障りがありません。

○大将軍の遊行日

春…甲子《きのえね》より五日間は東方　夏…丙子《ひのえね》より五日間は南方

秋…庚子《かのえね》より五日間は西方　冬…壬子《みずのえね》より五日間は北方

土用…戊子《つちのえね》より五日間は中央

○金神遊行日

甲寅《きのえとら》より五日間は南方　丙寅《ひのえとら》より五日間は西方

戊寅《つちのえとら》より五日間は中央　庚寅《かのえとら》より五日間は北方

壬寅《みずのえとら》より五日間は東方

○金神四季遊行日

春…乙卯《きのとう》より五日間は東方　夏…丙午《ひのえうま》より五日間は南方

秋…辛酉《かのととり》より五日間は西方　冬…壬子《みずのえね》より五日間は北方

● 方殺とは

■**五黄殺**《ごおうさつ》 その年の方位盤と毎月の方位盤の五黄土星が飛泊する方位をいいます。本来、五黄土星は中央を定位置として徳を備えていますが、殺伐の気も強烈で、すべてのものを包み込む作用があるとされます。
　これを犯す時は事業の不調、失業、長期にわたる疾患、盗難、死亡などの凶現象が現れ、どのような吉神の徳も効果がないので、厳に避けなければなりません。

■**暗剣殺**《あんけんさつ》 五黄殺の正反対側になり、中央に座す（中宮）星の定位置です。すべてを統括する五黄以外の位のないものが中央に入るため、定位は暗剣の作用を受けることになります。多くの場合は本業以外で悪いことが起こりがちになり、色情問題や他人の保証で迷惑をこうむったり、肉親縁者のことでトラブルが起こり損害や迷惑を受けるので、この方位への移転は厳に慎みます。

■**本命殺**《ほんめいさつ》 年、月共に自分の本命星の座所の方位を指します。この方位を犯すと、多くの場合、健康に影響します。修理、移転、婚礼なども不可です。

■**本命的殺**《ほんめいてきさつ》 自分の本命星の位置する方位の反対側の方位を指します。この方位を犯すと、精神的な悩みを誘発することがあります。

■**歳破**《さいは》**（月破**《げっぱ》**）** 年（月）の十二支の対冲にあたり、破の文字が示すように物事に破れの作用を現すものです。相談事の不調、縁談などの不成立、対人的不和、争論などの災いがあります。

■**定位対冲**《ていいたいちゅう》…定位対冲とは、各九星がその本来の定位置の反対側に座した時の方位をいいます。この方位を犯すと凶現象を示すとされますが、事情によってはわざわざこの方位を用いさせ、吉兆を得ることがあります。

■**都天殺**《とてんさつ》…五黄殺に匹敵する力を持つといわれ、この方位に向かって何事をするにも凶とされます。

■**白虎**《びゃっこ》…非常に殺伐の気が盛んとされます。この方位に向かっての普請、動土は慎むこととされています。

■**病符**《びょうふ》…前年の太歳神の跡に位置し、病気に注意を要する方位で、これを犯すと一年後に発病します。健康に自信のない人は特に注意してください。

■**死符**《しふ》…前年の歳破神の跡に位置し、墓地を買ったり墓を作ったりする時に用いてはならない方位です。これを犯すと、五年にして主人の死に遭うとされています。

■**劫殺**《ごうさつ》**・災殺**《さいさつ》…二神とも歳殺神に次ぐ凶方とされ、歳殺神と合わせ「三殺」の意になります。この方位に向かって普請、動土、修築、造作をすると、盗難、病難を招くといわれています。

方位盤の見方

暦をご覧になる方のほとんどが、まずいちばんに関心を抱かれるのがご自分の運勢、次いで方位の吉凶に関することのようです。暦を正しく理解し、活用していただくために、ぜひ心得ていただきたい方位の見方の予備知識について説明しましょう。

■方位盤

暦に掲げてある八角形の方位盤は、円周三百六十度を八等分して四十五度ずつにしてあります。そして東・西・南・北の四正《しせい》と、東南（巽）、西南（坤）、西北（乾）、東北（艮）の四隅《しぐう》をそれぞれ配置して、八方位にしてあります。通常地図に用いられている方位は常に北が上部になって、南が下部になっていますが、暦上の方位盤は南が上部になっているのが特徴ですから、間違いのないように注意してください。

■二十四山と八宮の名称

○**二十四山**《にじゅうしざん》　方位盤の八方位には毎年、毎月回座する九星が配置してあります。そしてこの一角ずつをさらに十五度ずつ三つに分割して三山とし、全八角に二十四山が配当されています。

○**坎宮**《かんきゅう》　北方の四十五度の一角を坎宮《かんきゅう》と称して、壬《みずのえ》、子《ね》、癸《みずのと》に三等分してあります。

○**艮宮**《ごんきゅう》　北方と東方の中間の四十五度一角を艮宮《ごんきゅう》と称して、丑《うし》、艮《ごん》、寅《とら》に三等分してあります。

○**震宮**《しんきゅう》　東方の四十五度の一角を震宮《しんきゅう》と称して、甲《きのえ》、卯《う》、乙《きのと》に三等分してあります。

○**巽宮**《そんきゅう》　東方と南方の中間四十五度の一角を巽宮《そんきゅう》と称して、辰《たつ》、巽《そん》、巳《み》に三等分してあります。

○**離宮**《りきゅう》　南方の四十五度の一角を離宮《りきゅう》と称して、丙《ひのえ》、午《うま》、丁《ひのと》に三等分してあります。

○**坤宮**《こんきゅう》　南方と西方の中間四十五度の一角を坤宮《こんきゅう》と称して、未《ひつじ》、坤《こん》、申《さる》に三等分してあります。

○**兌宮**《だきゅう》　西方の四十五度の一角を兌宮《だきゅう》と称して、庚《かのえ》、酉《とり》、辛《かのと》に三等分してあります。

○**乾宮**《けんきゅう》　西方と北方の中間四十五度の一角を乾宮《けんきゅう》と称して、戌《いぬ》、乾《けん》、亥《い》に三等分してあります。

■方位

○**鬼門**《きもん》　俗に鬼門といわれている凶方位は、艮宮（丑、艮、寅）の方位です。

○**裏鬼門**《うらきもん》　鬼門の真向かい側にあたる凶方位が裏鬼門で、坤宮（未、坤、申）の方位です。

六輝の説明

中国宋時代に誕生し、室町時代に伝来した六輝星は別名を孔明六曜星とも呼ばれ、中国の三国志で有名な名将諸葛孔明が発明したとの説もありますが、史実ではなくあくまでも伝説です。

江戸時代はほとんど人気がなく、載せていない暦もかなりあったようですが、明治の改暦で他の人気暦注が消えた後、装いも新たに再び登場して、戦後になると爆発的な人気を博し現在に至っています。

伝来した当初は、泰安《たいあん》、留連《りゅうれん》、速喜《そっき》、赤口《しゃっく》、将吉《しょうきち》、空亡《くうぼう》の順でしたが、江戸末期頃より、今日のような名称に変わり、日の吉凶を知るのに暦、カレンダーはもとより、手帳などにも大きく載っています。

また六輝は、悪い日が三日であとは吉日、善日、幸日が交互に配列されていますが、これは陰陽の原則に基づいていると考えられます。

ただ、暦により解釈は多少異なっているものがあるようです。六輝が生まれた中国では現在、大安も仏滅も友引もなく、日本でだけの人気です。

◐先勝　せんかち・せんしょう　先勝日《にち》の略。急用や訴訟などに吉の日とされています。ただし午後は凶となります。旧暦の一月朔日《ついたち》、七月朔日に配されています。

Ⓣ友引　ともびき　友引日《にち》の略。午前中と夕刻と夜は相引きで勝負なしの吉の日。ただし昼は凶。この日葬儀を行なうと、他人の死を招く恐れがあるといわれています。旧暦の二月朔日、八月朔日に配されています。

◑先負　せんまけ・せんぷ　先負日《にち》の略。静かにしているのがよい日とされ、特に公事や急用を避ける日。午後大吉。旧暦三月朔日、九月朔日に配されています。

●仏滅　ぶつめつ　仏滅日《にち》の略。この日に開店、移転など、新規に事を起こすことはもちろんのこと、陰陽道で何事をするのも忌むべき日とされています。旧暦四月朔日、十月朔日に配されています。

○大安　たいあん・だいあん　大安日《にち》の略。陰陽道でこの日、結婚、旅行、建築、開店など、何事をなすのにも吉日とされています。旧暦五月朔日、十一月朔日に配されています。

⦶赤口　しゃっく・しゃっこう　赤口日《にち》の略。赤口神《しゃっこうじん》が衆生を悩まし、新規の事始めはもちろんのこと、何事をなすにも忌むべき日とされています。ただし正午のみ吉。旧暦六月朔日、十二月朔日に配されています。

中段（十二直）の説明

たつ（建）	この日は建の意で最高吉日。神仏の祭祀、結婚、開店等すべて大吉。動土蔵開き凶。
のぞく（除）	この日は不浄を払い百凶を除き去り、医師かかり始め、種播き吉。結婚、動土は凶。
みつ（満）	この日は満の意で万象万物すべて満たされる良日。建築、移転、結婚、祝い事吉。
たいら（平）	この日は平の意で、物事の平等分配を図るので、地固め、種播き、結婚、祝い事吉。
さだん（定）	良悪が定まる意で、建築、移転、結婚、開店、開業等、祝い事吉。樹木の植え替え凶。
とる（執）	この日は執の意で、万事活動育成を促す日。祝い事等吉で財産整理等には凶。
やぶる（破）	この日は破の意で、訴訟等には吉。結婚その他約束事、神仏の祭祀等は凶。
あやぶ（危）	この日は万事に危惧を含み、何事も控えめに慎んで吉。旅行、登山、船乗り等は凶。
なる（成）	この日は成就の意で、建築、開店、種播き等の新規事はすべて吉。訴訟事等は大凶。
おさん（納）	この日は別名天倉といい、万物を納めるのに吉。神仏祭祀、結婚、見合い等は凶。
ひらく（開）	険を開き通じる意で、建築、結婚、開業等吉。ただし葬儀、その他の不浄事凶。
とづ（閉）	この日は諸事閉止する意で、金銭の収納、建墓は吉。棟上げ、結婚、開店等は凶。

中段（十二直）の由来

別名を中段という十二直は、十二建とも十二客とも呼ばれていました。江戸時代の「かな暦」の中段に載っていたもので、日常生活に深く関わり、かなり重要視されていました。

現在では日の吉凶は、大安、友引などで知られる、六曜六輝のほうが断然主役になっていますが、平安時代から江戸、明治、大正、昭和の初期あたりまでは、六輝より十二直によって婚礼の日取りなどを選んでいました。さらに、移転、建築、造作、養蚕、治療、事業、法事、衣服の裁断、旅行、井戸掘りなど、日常生活のあらゆる吉凶を、この十二直によって判断していました。十二直の直の字が、アタルという意味で信じられていたようです。

十二直は、十二支と関係があり、もともとは中国の北斗七星信仰に由来したものです。中心は建で六輝の大安と同じです。

二十八宿の説明

東方七宿	角《かく》	婚礼普請着初吉葬儀凶
	亢《こう》	種播結納吉家造は凶
	氐《てい》	婚礼酒造種播吉普請凶
	房《ぼう》	新規事婚礼棟上等大吉
	心《しん》	神祭移転旅行吉他は凶
	尾《び》	開店婚礼造作吉衣裁凶
	箕《き》	普請動土池掘吉葬儀凶
北方七宿	斗《と》	新規事倉庫建築動土吉
	牛《ぎゅう》	何事に用いても吉祥日
	女《じょ》	稽古事始吉訴訟婚葬凶
	虚《きょ》	学問吉積極的行動は凶
	危《き》	壁塗酒造旅行吉仕立凶
	室《しつ》	祝事婚礼造作祭祀等吉
	壁《へき》	旅行婚礼万事大吉南凶
西方七宿	奎《けい》	柱立棟上神仏祭事等吉
	婁《ろう》	普請造作庭造契約事吉
	胃《い》	世話事普請造作公事吉
	昴《ぼう》	参詣祝事新規事婚礼吉
	畢《ひつ》	祭祀婚礼棟上取引始吉
	觜《し》	稽古事始吉造作着初凶
	参《しん》	婚礼旅行は吉葬儀は凶
南方七宿	井《せい》	参詣動土種播吉衣裁凶
	鬼《き》	婚礼のみ凶他全て大吉
	柳《りゅう》	造作婚礼葬儀などは凶
	星《せい》	祭祀治療吉婚礼葬儀凶
	張《ちょう》	見合い神仏祈願祝宴吉
	翼《よく》	耕作始め樹木植替え吉
	軫《しん》	地鎮祭就職婚姻祭祀吉

二十八宿の由来

二十八宿とは、季節を定める方法として、古代中国で考え出されたものです。夕暮、西の空に細い三日月が見えますが、この三日月は朔から数えて三日めの月という意味です。

朔の日の月を新月と呼びますが、新月と二日の月は見えません。三日でようやく見えて、この三日月の位置から見えなかった新月と二日の月を推定し、月、星、太陽などの位置がある程度正確に計算できたものと思われます。

そこで月の通る道に沿って、目立つ星を目標に二十八の星座を決め、これを二十八宿と称して日、月に配当して、古来吉凶を占うのに用いられています。

各星宿は天空を西から東へと数え、黄道帯を、東方青龍、北方玄武、西方白虎、南方朱雀の四宮とし、これをさらに七分割して配当されています。

節気　循環する自然の移ろい

●立春《りっしゅん》　旧暦正月寅月の正節で、新暦二月四日頃、節分の翌日となります。暦上では春となり、この日が一年の初めとされました。この頃から気温は上昇に向かい始め、どことなく春の気配が感じられる時期です。

●雨水《うすい》　旧暦正月寅月の中気で、新暦では二月十八日頃になります。この頃から雨水がぬるみ始め、草木が芽生える兆しがあります。

●啓蟄《けいちつ》　旧暦二月卯月の正節で、新暦では三月五日頃になります。冬ごもりをしていたいろいろな虫が、地下から地上にはい出してくる頃といわれています。

●春分《しゅんぶん》　旧暦二月卯月の中気で、新暦では三月二十一日頃になります。太陽は真東から昇り真西に沈み、昼と夜の長さがほぼ等しくなる日で、この日から徐々に昼が長くなり、夜が短くなります。春の彼岸の中日となっています。

●清明《せいめい》　旧暦三月辰月の正節で、新暦では四月四日頃になります。春の気が明るく美しく輝き、草木の花が咲き、清新の時となります。

●穀雨《こくう》　旧暦三月辰月の中気で、新暦では四月二十日頃になります。春雨が降る日が多く、冬の間乾いていた大地や田畑を湿らせ、天からの恵みとなる季節です。

●立夏《りっか》　旧暦四月巳月の正節で、新暦では五月五日頃になります。新緑が鮮やかになり、山野に生気が走り、皐月風の匂いが立ち始める頃となります。

●小満《しょうまん》　旧暦四月巳月の中気で、新暦では五月二十一日頃になります。山野の植物が花に埋もれ、実を結びます。田植えの準備で人も忙しく、月もおぼろに輝く時です。

●芒種《ぼうしゅ》　旧暦五月午月の正節で、新暦では六月五日頃になります。雨が長い日数降りしきり、農家は稲を植える準備などで多忙を極めます。

●夏至《げし》　旧暦五月午月の中気で、新暦では六月二十一日頃になります。この日、北半球では昼が最も長く、反対に夜が最も短くなります。梅雨真っ盛りの時期で長雨が降り続きます。

●小暑《しょうしょ》　旧暦六月未月の正節で、新暦では七月七日頃になります。日脚は徐々に短くなりますが、暑さは日ごとに増していきます。

●大暑《たいしょ》　旧暦六月未月の中気で、新暦では七月二十三日頃になります。暑さがますます加わり、一年で最も気温の高い時期です。

立秋《りっしゅう》　旧暦七月申月の正節で、新暦では八月七日頃になります。暦の上では秋になります。残暑はなお厳しいですが、風や雲に秋の気配が感じられるようになってきます。

処暑《しょしょ》　旧暦七月申月の中気で、新暦では八月二十三日頃になります。暑さもそろそろおさまり、秋風の吹く頃となります。収穫の秋も目前となります。

白露《はくろ》　旧暦八月酉月の正節で、新暦では九月七日頃になります。白露とは「しらつゆ」の意味で、野の草などに付いたつゆの光が、秋の趣を感じさせます。

秋分《しゅうぶん》　旧暦八月酉月の中気で、新暦では九月二十三日頃になります。春分同様、昼夜の長さがほぼ等しくなります。秋の彼岸の中日で、祖先の霊を敬い亡き人の霊を偲ぶ日となっています。

寒露《かんろ》　旧暦九月戌月の正節で、新暦では十月八日頃になります。寒露とは、晩秋から初冬の頃に野草に付く露のことです。紅葉は鮮やかに映え、冷気を肌に感じ始める季節となります。

霜降《そうこう》　旧暦九月戌月の中気で、新暦では十月二十三日頃になります。早朝に霜の降りるのを見るようになり、冬が間近にせまっている時です。

立冬《りっとう》　旧暦十月亥月の正節で、新暦では十一月七日頃になります。陽の光もなんとなく弱くなり、日没も早くなります。木の葉も落ち、冬枯れの始まりです。

小雪《しょうせつ》　旧暦十月亥月の中気で、新暦では十一月二十二日頃になります。高い山には真っ白な雪が見られます。木枯らしが吹き、物寂しい冬が近いのを感じます。

大雪《たいせつ》　旧暦十一月子月の正節で、新暦では十二月七日頃になります。山の峰は積雪によって綿で覆われたようになり、平地も北風が身にしみる候になります。

冬至《とうじ》　旧暦十一月子月の中気で、新暦では十二月二十二日頃になります。北半球では、一年で昼が最も短く、夜が最も長くなります。この日を境に一陽来復、日脚は少しずつ伸びていきます。この日にかぼちゃを食べ、柚子《ゆず》湯に入り、一年の健康を願う習慣があります。

小寒《しょうかん》　旧暦十二月丑月の正節で、新暦では一月五日頃になります。この日から「寒の入り」とします。本格的な冬で、降雪と寒風にさいなまれます。

大寒《だいかん》　旧暦十二月丑月の中気で、新暦では一月二十日頃になります。冬将軍がますます活躍し、寒さの絶頂期ですが、その極寒を切り抜けてこそ、春の日ざしの暖かさを天恵として感じるのです。

特殊日吉凶の説明

暦日上には古くから伝わる吉凶を示した特殊な日がありますが、私達が日常、吉祥であれかしと縁起をかつぐ人情は、古今、洋の東西を問わず、いつの世も不変のことでしょう。その意味で、暦日上の特殊な日の吉凶について述べてみます。

一粒万倍日　いちりゅうまんばいび

一粒の種が万倍に増える吉日です。そのために諸事成功を願って事始めに用いられ、古くから、特に商売始め、開店、金銭を出すのによいとされています。反面、増えて多くなる意味から、人から物を借りたり、借金するのには凶の日です。

八専　はっせん

八専とは、陰暦壬子《みずのえね》の日から癸亥《みずのとい》の日までの十二日間のうち、これに五行を配した時、干と支が専一となる壬子《みずのえね》、甲寅《きのえとら》、乙卯《きのとう》、丁巳《ひのとみ》、己未《つちのとひつじ》、庚申《かのえさる》、辛酉《かのとり》、癸亥《みずのとい》の八日のことで、一年に六回あります。この日は法事・供養などの仏事、嫁取り、建て替えにあたっての取り壊しなどの破壊的なことなどには悪い日とされています。ただし、十二日間のうち、干支が専一とならない癸丑《みずのとうし》、丙辰《ひのえたつ》、戊午《つちのえうま》、壬戌《みずのえいぬ》の四日間は間日となり、障りはありません。

不成就日　ふじょうじゅび

障りがあって物事が成就せず、悪い結果を招く凶日とされています。

特に結婚、開店、柱立て、命名、移転、契約事などには不向きで、この日に急に何事かを思い立ったり、願い事をすることすら避けるべきだとされています。

三りんぼう　さんりんぼう

昔から普請始め、柱立て、棟上げなどには大凶日とされ、この日を用いて後日災禍が起きると、近所隣をも亡ぼすとされています。

参考までにこの日の見方を掲げます。

旧正月、旧四月、旧七月、旧十月は亥の日。
旧二月、旧五月、旧八月、旧十一月は寅の日。

旧三月、旧六月、旧九月、旧十二月は午の日。
（注・旧暦の変わり日は各月の節入日からです）

天一天上　てんいちてんじょう

天一天上とは、人事の吉凶禍福をつかさどる天一神が天上する日です。天一神は癸巳《みずのとみ》の日に天上するので、それから戊申《つちのえさる》の日までの十六日間は、天一神の障りはなく、いずれの方角へ行っても自由であるとされています。

天一神は、天上から降りた後、次のように、下界で八方を巡って過ごすといわれています（天一神遊行）。この間は、それぞれの方位に向かってのお産、交渉事などは凶とされています。

天一神の遊行日

己酉《つちのととり》の日から六日間…東北の方位
乙卯《きのとう》の日から五日間…東の方位
庚申《かのえさる》の日から六日間…東南の方位
丙寅《ひのえとら》の日から五日間…南の方位
辛未《かのとひつじ》の日から六日間…西南の方位
丁丑《ひのとうし》の日から五日間…西の方位
壬午《みずのえうま》の日から六日間…西北の方位
戊子《つちのえね》の日から五日間…北の方位

天赦　てんしゃ

この日は干支相生、相剋の中を得る大吉日で、天の恩恵により何の障害も起きない日とされ、特に結婚、開店、事業、創立、拡張などには最良の日とされています。

土用　どよう

一年の春・夏・秋・冬にはそれぞれの四季の土用があり、その期間は十八日前後です。この期間中は、特に動土、土木工事に着手することは大凶とされています。

冬の土用　一月十七日頃から二月立春の前日まで。
春の土用　四月十七日頃から五月立夏の前日まで。
夏の土用　七月二十日頃から八月立秋の前日まで。
秋の土用　十月二十日頃から十一月立冬の前日まで。

ただし、土用中でも間日は障りありません。その間日は、春は巳《み》、午《うま》、酉《とり》の日。夏は卯《う》、辰《たつ》、申《さる》の日。秋は未《ひつじ》、酉《とり》、亥《い》の日。冬は寅《とら》、卯《う》、巳《み》の日となります。

十方暮れ　じっぽうぐれ

干支相剋の凶日（ただし相剋しない日も含む）で、甲申《きのえさる》の日から入って癸巳《みずのとみ》の日までの十日間です。この日は労多くして功少ない日とされ、新規に事を起こすと失敗損失を招きます。なお、旅立ちにも凶日とされています。

事柄別の良い日取り

結婚に関する良い日取り

お見合い

お互いが顔見知りである間柄なら問題ありませんが、初めてというお見合いの場合は、まず本人お互いの本命星の吉方が合う方角の場所を選んでください（本書に九星別に各月の吉方位が載っています）。次に、日は暦の各月の六輝の欄の大安、友引がよく、中段では、「たつ、みつ、たいら、とる、なる、ひらく」の日を選びます。

結納

結納の日取りは、嫁ぐ人から見て嫁ぎ先の方角が吉方位になる日か、暦の中段の、「なる、みつ、たいら、さだん」の日や六輝の大安、友引がよく、先勝の日でしたら午前中に行ないます。

婚礼

結婚式の日取りは、嫁ぐ人にとって嫁ぎ先の家の方角が吉方位となる年、月、日を選ぶことが大切です。気学及び九星学に基づいてこの吉方位を決めることになりますと、普通の人ではなかなか難しいのですが、古くから世間一般的には、暦の中段の「なる、たいら、たつ、さだん」、または六輝の大安日を選びます。

腹帯の吉日

古《いにしえ》より俗に岩田帯といわれている妊娠腹帯は犬のお産が概して安産であるということにあやかって、五ヵ月目の戌《いぬ》の日にするものとされています。

古文書には甲子《きのえね》、甲戌《きのえいぬ》、乙丑《きのとうし》、丙午《ひのえうま》、丙戌《ひのえいぬ》、戊戌《つちのえいぬ》、庚戌《かのえいぬ》、庚子《かのえね》、辛酉《かのととり》の日がよいとも記されています。また一般的には、暦の中段の「なる、みつ、たつ」の日を吉日としています。

胞衣《えな》を納める方位

胞衣を納めるには、その年の五黄殺、暗剣殺、本命殺、本命的殺、歳破の五大凶殺方位を避けて、生児の本命星と相生する星の回座している吉方の方角か、またはその年の歳徳神の位置する「あきのかた」の方角に納めるのがよいとされています。

事業に関する良い日取り

商談

商談を進めようとする相手の方位をまず調べます。そしてその方位が自分の本命星と現在、相生か相剋かを見て、相生であれば暦の中段の「たつ、みつ、たいら、さだん、とる、なる、ひらく」の吉日を、また六輝の大安、先勝の午前、友引の日を選んで話を進めればよいでしょう。

開店

業種により開店の時期はいろいろと考えられますが、自分の本命星が、方位盤の西南、東、東南に入る年、月で決めます。日を決めるには暦の中段の、「たつ、みつ、たいら、さだん、なる、ひらく」がよく、六輝では大安、先勝（午前中）、友引がよいとされています。

新築・改築に関する良い日取り

地鎮祭

土木工事や建築の基礎工事に着手する前に、その土地の神を祀って、工事の無事と、厄災を払うことを祈願するのが地鎮祭です。建築主と相性のよい土地を選んで行なうとよいでしょう。

■**地鎮祭の吉日**……甲子《きのえね》、甲寅《きのえとら》、甲辰《きのえたつ》、乙酉《きのととり》、戊申《つちのえさる》、庚《かのえ》子《ね》、庚戌《かのえいぬ》、壬子《みずのえね》、壬寅《みずのえとら》（ただし寅の日の三りんぼうは凶です）。これらのうちでも、土用は避けてください。

柱立て

柱立てによい日とされている吉日は、甲子《きのえね》、甲寅《きのえとら》、甲《きのえ》辰《たつ》、乙酉《きのととり》、戊申《つちのえさる》、庚子《かのえね》、庚午《かのえうま》、庚戌《かのえいぬ》、壬子《みずのえね》、壬寅《みずのえとら》の日です。ただし、寅の日の三りんぼうにあたる日は凶日となりますから、注意してください。

■**柱立ての順序**

春は南から立てはじめ東、西、北の順
夏は北から立てはじめ南、西、東の順
秋は東から立てはじめ西、北、南の順
冬は西から立てはじめ東、南、北の順

以上の順に立てます。

棟上げ

甲子《きのえね》、甲辰《きのえたつ》、乙酉《きのととり》、乙亥《きのとい》、庚子《かのえね》、庚辰《かのえたつ》、庚戌《かのえいぬ》、癸巳《みずのとみ》、癸酉《みずのととり》。

右の日が棟上げに吉日とされています。

勝負事、交渉事に勝つ

　昔から、諸事必勝法としてこれを行なえば、負けずに勝つという秘法が伝えられています。それは、左図・表を使って、破軍星というものを求め、それを必ず背にして勝負事、交渉事にあたるという方法です。

　例えば、九月のある日、午前九時から十時の間に事に掛かるとします。図1を見ると、その時刻は「巳」の刻となります。次に図2を見てください。九月の欄には「一つ目」とあります（月は旧暦を使います）。先ほど調べた図1の「巳」から、一つ分、時計回りに進んだところを見ると「午」になります。この午の方位が破軍星の方位です。この方位を背にして進むには、図1で見て反対側「子」の方位に進めばよいのです。


【図1】

【図2】

正月 五つ目	四月 八つ目	七月 十一つ目	十月 二つ目
二月 六つ目	五月 九つ目	八月 十二つ目	十一月 三つ目
三月 七つ目	六月 十目	九月 一つ目	十二月 四つ目

種播きの適期

水稲	四月下旬～五月中旬
陸稲	五月上旬～五月下旬
大麦	十月中旬～十一月中旬
小麦	十月中旬～十一月下旬
裸麦	十月中旬～十一月中旬
粟	五月下旬～七月上旬
きび	五月上旬～六月中旬
とうもろこし	四月上旬～五月下旬
いんげん	四月中旬～五月上旬
そば	四月下旬～六月上旬、八月上旬～八月下旬
里芋	四月中旬～四月下旬
なす	四月下旬～五月中旬
トマト	四月下旬～五月中旬
きゅうり	四月下旬～五月中旬
かぼちゃ	四月下旬～五月中旬

大豆	五月上旬～六月中旬
小豆	六月上旬～六月中旬
にんじん	六月中旬～七月中旬
白菜	八月上旬～八月下旬
大根	八月下旬～九月上旬
そらまめ	九月中旬～十月中旬
さつまいも	五月中旬～六月中旬
じゃがいも	三月中旬～三月下旬
ごぼう	四月下旬～五月上旬、九月下旬～十月上旬
ねぎ	三月中旬～三月下旬、九月中旬～九月下旬
かぶ	八月下旬～九月下旬、二月下旬～五月下旬
ほうれんそう	八月下旬～九月中旬、十月上旬～十月下旬

　丙寅《ひのえとら》、丁卯《ひのとう》、庚辰《かのえたつ》、辛巳《かのとみ》、戊子《つちのえね》、戊午《つちのえうま》、己丑《つちのとうし》、己未《つちのとひつじ》、甲午《きのえうま》、乙巳《きのとみ》、乙未《きのとひつじ》の日は、種播きを忌むべき日とされています。

　播いた種が火の勢いや土の力で押しつぶされたり、根を切られたりすることがあるので、忌日とされています。

土公神の吉凶

土公神は土を守る神で、季節によって移動します。その居場所を掘り起こすと祟《たた》りがあるといわれています。その性質は荒々しく、荒神ともいわれます。

春（二月～四月）＝かまど　夏（五月～七月）＝門
秋（八月～十月）＝井戸　冬（十一月～翌一月）＝庭

井戸掘り、井戸さらいの吉凶

全国的に水道施設が発達して、井戸は徐々に減少しています。しかし、井戸にはいろいろな利用法があり、捨てがたいものです。水と火は、日常生活の中でも最も必要性が高く、また家相の観点からも庭内の吉方位に設置しなければなりません。最近ではマンションの受水槽などの位置などにも注意を施したいものです。

■井戸を掘る位置（土地、家屋の中心から見て）
甲《きのえ》、乙《きのと》、丙《ひのえ》、丁《ひのと》、庚《かのえ》、辛《かのと》、壬《みずのえ》、癸《みずのと》、巳《み》、亥《い》の方位

■井戸掘りの吉日
甲子《きのえね》、乙亥《きのとい》、庚子《かのえね》、辛亥《かのとい》、壬子《みずのえね》、壬申《みずのえさる》、癸酉《みずのととり》、癸亥《みずのとい》の日

■井戸さらいの吉日
春…甲子《きのえね》、壬子《みずのえね》、癸亥《みずのとい》の日
秋…庚子《かのえね》、辛亥《かのとい》、壬寅《みずのえとら》、甲寅《きのえとら》の日

なお、夏土用中は井戸さらいは凶とされています。マンションの受水槽の清掃などもこれにならいます。

鍼灸の吉日

左記の日は鍼《はり》、灸《きゅう》によい日となっていますが、暦の中段、二十八宿の凶日と重なる時は差し控えます。

甲辰《きのえたつ》の日　甲申《きのえさる》の日
丙子《ひのえね》の日（ただし夏は凶）
丙申《ひのえさる》の日　丙戌《ひのえいぬ》の日
丁亥《ひのとい》の日（ただし夏は凶）
己亥《つちのとい》の日（ただし女は凶）
庚午《かのえうま》の日　辛丑《かのとうし》の日
壬午《みずのえうま》の日　壬戌《みずのえいぬ》の日
甲戌《きのえいぬ》の日　乙巳《きのとみ》の日
丙辰《ひのえたつ》の日
丁丑《ひのとうし》の日　丁卯《ひのとう》の日
戊申《つちのえさる》の日（ただし男は凶）
庚子《かのえね》の日（ただし秋は凶）
辛卯《かのとう》の日　壬辰《みずのえたつ》の日
癸丑《みずのとうし》の日

本年の年忌一覧

一周忌	令和四年死亡
三回忌	令和三年死亡
七回忌	平成二十九年死亡
十三回忌	平成二十三年死亡
十七回忌	平成十九年死亡
二十三回忌	平成十三年死亡
二十七回忌	平成九年死亡
三十三回忌	平成三年死亡
三十七回忌	昭和六十二年死亡
五十回忌	昭和四十九年死亡
百回忌	大正十三年死亡

吉日を選ぶ方法

暦によって吉日を選ぶにはどうすればよいでしょうか。大安や仏滅、二十八宿や各種の暦注を見ていくと、一年三百六十五日のうち、すべてがそろってよい日はほとんどないということになってしまいます。

一般的には、本命星（生まれ年の九星）、月命星と干支に重点を置いて、二十八宿、中段という順でよい日を見ます。30ページからの「行事・祭事」欄の上から四段目に九星が載っていますので、自分の本命星と相性のよい日を選びます。同様に、三段目に干支が載っていますので、自分の生まれ年の干支と相性のよい日を探します。

本命星、干支と相性がよい日であれば、ほかが多少気に入らない日であっても吉日として差し支えありません。ただし、三りんぼうや不成就日などにあたる日は避けたほうがよいでしょう。

◆**九星による吉日**

一白生まれ…六白、七赤、三碧、四緑、一白の日
二黒生まれ…九紫、六白、七赤、八白、五黄の日
三碧生まれ…一白、九紫、四緑の日
四緑生まれ…一白、九紫、三碧の日
五黄生まれ…九紫、六白、七赤、二黒、八白の日
六白生まれ…二黒、五黄、八白、一白、七赤の日
七赤生まれ…二黒、五黄、八白、一白、六白の日
八白生まれ…九紫、六白、七赤、二黒、五黄の日
九紫生まれ…三碧、四緑、二黒、五黄、八白、九紫の日

◆**十干による吉日**

甲（きのえ）・**乙**（きのと）生まれの人は丙・丁・壬・癸の日。
丙（ひのえ）・**丁**（ひのと）生まれの人は甲・乙・戊・己の日。
戊（つちのえ）・**己**（つちのと）生まれの人は丙・丁・庚・辛の日。
庚（かのえ）・**辛**（かのと）生まれの人は戊・己・壬・癸の日。
壬（みずのえ）・**癸**（みずのと）生まれの人は庚・辛・甲・乙の日。

◆**十二支による吉日**

子（ね）年生まれの人は子・寅・卯・申・酉・亥の日。
丑（うし）年生まれの人は丑・巳・午・申・酉の日。
寅（とら）年生まれの人は子・卯・巳・午・亥の日。
卯（う）年生まれの人は子・寅・卯・巳・午・亥の日。
辰（たつ）年生まれの人は丑・辰・巳・午・申・酉・戌の日。
巳（み）年生まれの人は丑・寅・卯・辰・巳・午・未・戌の日。
午（うま）年生まれの人は丑・寅・卯・辰・巳・午・未・戌の日。
未（ひつじ）年生まれの人は丑・辰・巳・午・未・酉・戌の日。
申（さる）年生まれの人は子・丑・辰・未・申・酉・戌・亥の日。
酉（とり）年生まれの人は子・丑・辰・未・申・酉・戌・亥の日。
戌（いぬ）年生まれの人は丑・辰・巳・午・未・申・酉・戌の日。
亥（い）年生まれの人は子・寅・卯・申・酉・亥の日。

干支が意味するもの

干支は六十干支とも呼ばれるように、十干と十二支との組み合わせで、六十通りになります。

十干とは「甲乙丙丁戊己庚辛壬癸」のことです。

甲（きのえ）丙（ひのえ）戊（つちのえ）庚（かのえ）壬（みずのえ）　兄（え）陽

乙（きのと）丁（ひのと）己（つちのと）辛（かのと）癸（みずのと）　弟（と）陰

干支を組み合わせる時は、必ず上に十干を置くところから、天干とも呼ばれています。一方、十二支というのは地支とも呼ばれ、もともと月を数えるための序数に使われた文字で、旧暦の十一月から十月までを意味するものであったと伝えられています。

旧											
十一月	十二月	一月	二月	三月	四月	五月	六月	七月	八月	九月	十月
子	丑	寅	卯	辰	巳	午	未	申	酉	戌	亥

このように十二支は、一年の生活を表したものですが、十干の干が木の幹であるのに対し、十二支の支は幹から出た枝であり、いわば十干の補強的役割を持つものと思われます。

陰陽論は、剛と柔、男と女などのように、対立的発想ですが、十干の陰陽を兄弟という対立にして、「兄《え》」「弟《と》」と記し、五行の「木火土金水」をそれぞれ訓読みにし、「きのえ」「きのと」「ひのえ」「ひのと」……としたものです。「えと」とはつまり兄弟に由来しており、陰と陽に分類した十干の総称といえます。

「十二支」にしても、さまざまな解釈がありますが、やはり農耕生活を反映する自然暦の発想をもとに、植物の芽生えから、生長、成熟、収穫へと移って、再び大地にかえる経過が、あたかも人間の生から土へというドラマに似ているところから、太古の昔から現在まで幅広く親しまれ、発育成長の過程を占い、吉凶の判断の元として、暦に使用されているものと思われます。

令和5年・運気概要時運占断

①日本全体について

本卦《ほんか》䷧雷水解《らいすいかい》の二爻変《にこうへん》

本卦《ほんか》の象意解《しょういかい》は「川を渉《わた》って未《いま》だ乾《かわ》かずの象《かたち》、雷雨緩《ゆる》やかに散《さん》ずるの意」です。この卦名《かめい》の解は解決する、概《おおむ》ね悪いことから脱するという意味を有します。しかし解は油断する、気の緩みを生じて困難を自ら繰り返してしまう意があります。新しい出発の時が来たのです。好機到来の時でありますから、気を緩めず改革を目指す人たちの姿が見えます。

爻辞《こうじ》に「田獲三狐《かりしてさんこをえる》。得黄矢《こうしをえたり》。貞吉《ていなればきちなり》。」とあります。田《かり》をして三狐《さんこ》を獲《え》る。黄矢《こうし》を得《え》たり。貞《てい》なれば吉なり。と読めます。象《しょう》に曰《いわ》く「九二貞吉《きゅうにのていにしてきちなるは》、得中道也《ちゅうどうをえればなり》。」とあります。九二の貞《てい》にして吉なるは、中道《ちゅうどう》を得ればなり。と読めます。

三狐の三とは多くの、たくさんという意味です。狐は悪いことを、黄矢とはまっすぐで剛直《ごうちょく》な人を指します。即ち多くの邪悪な考えを持つ人たちを牽制《けんせい》する剛直な人が現れ、前向きにしようとする風潮が見られます。正しい生き方をすれば大衆はその姿勢に感動してついてくるのです。

之卦《しか》は䷏雷地予《らいちょ》です。象意解は「雷《らい》地を出《い》でて奮《ふる》うの象、行止《こうし》時に順《したが》うの意」です。

このようなことから本年の日本全体を見ていきますと、令和五年は気持ちを引き締めようとする民意が働きます。ここ数年落ち着かない浮ついた雰囲気が漂っていたけれど、解放感の中にもしっかり前向きに歩んでいこうとする雰囲気が見られます。急速な変化は望めないけれど、地に足を着けて活動をしようとする人たちが確実に増加していきます。ただ、少し良くなったかと思うと人間は油断して、また怠惰《たいだ》な習慣に戻ってしまいがちです。この易卦《えきか》はそのような油断する気持ちを戒めているものです。好機には油断することなく中道《ちゅうどう》精神を発揮して勤勉に働くことを推奨《すいしょう》しているものです。

真面目に働くことが悪いことのような論調を説く人がいますが、不真面目で良いということでは決してないのです。中には、一見すると国のためと言いながら不正を働く人が未だはびこっています。本来剛直な人ほどまず第三者の利益を考えます。

堰《せき》を切ったように遠方へ出かける空気も顕著《けんちょ》になります。反面では人のことなどお構いなしに自分のことだけを考えて行動する人間も見られます。このような人は酒色に溺《おぼ》れ、正義を行なうのに不決断の場合が多いものです。取り締まりの網の目を盗み人の金品を巻き上げる詐欺事件は、相変わらず減らないでしょう。

②日本の経済について

本卦《ほんか》䷅天水訟《てんすいしょう》の三爻変《さんこうへん》

本卦《ほんか》の象意解《しょういかい》は「天水違《てんすいたが》い行くの象《かたち》、田猟無獲《でんりょうむかく》の意」です。この卦名《かめい》の上卦《じょうか》☰乾天《けんてん》に天の象があり高く上に昇り、下卦《げか》の☵坎水《かんすい》に水の象があり低い所に流れます。お互いに違う方向へ向かっているのです。互いに親和しない卦象《かしょう》です。経済ということで見ると、生産者と消費者が相和していないことになります。あるいは雇用者と被雇用者が反目している卦象にも解釈されます。

爻辞《こうじ》に「食旧徳《きゅうとくにはみ》、貞厲終吉《ていなればあやうけれどもついにはきちなり》、或従王事《あるいはおうじにしたがうとも》、无成《なすことなかれ》。」とあります。旧徳《きゅうとく》に食《は》み、貞《てい》なれば厲《あやう》けれどもついには吉なり。或は王事《おうじ》に従うとも、成すことなかれ。となります。

象《しょう》に曰《いわ》く「食旧徳《きゅうとくにはむとは》、従上吉也《うえにしたがえばきちなるなり》。」とあります。旧徳に食むとは、上に従えば吉なるなり。となります。

現在の状況に順応していけば最後には吉となる。時として成り行きに任せることになるけれど、あまり出過ぎた行動をとらないほうが良いと卦象は告げています。今、行動を起こしても、狩りに出かけたけれど獲物なしで終わってしまうのと同じことであるとの卦象なのです。

之卦《しか》は䷫天風姤《てんぷうこう》です。象意解は「果《か》、樹頭《じゅとう》に在るの象、鳳《ほう》出でて鸞《らん》に遇《あ》うの意」です。

このようなことから本年の日本の経済を見ていきますと、全体の一体感がなく、格差は埋まりそうにありません。それどころか、ますます格差が開いていく傾向にあることがうかがえます。「旧徳に食み」というところが気になります。社会情勢は一般市民の味方をしてくれないのだろうかと、つい悲観的になってしまいます。やはり訟の時は社会全般に運気の衰えている時なのです。無理を通そうとしても対立がますます激しくなることを示す卦象でもあります。盤石《ばんじゃく》に見える組織体も内実は苦しいことを示すのが訟の卦象でもありますので、社会全体ではそれほど利益の上がっていない状況があるようです。組織自体も格差が顕著《けんちょ》です。

大型の企業倒産やM&Aも活発に行なわれる兆候《ちょうこう》があります。もはや外国企業の資本力に頼らざるを得ないことも頻繁になるでしょう。時の運に従い動いていかないと経済が回らない状況なので、逆らわずに流れに沿うやり方が主流になりそうです。

③日本の社会について

本卦《ほんか》䷚山雷頤《さんらいい》の上爻変《じょうこうへん》

本卦《ほんか》の象意解《しょういかい》は「壮士《そうし》剣《けん》を執《と》るの象《かたち》、匣中《こうちゅう》物を秘《ひ》するの意」です。

易卦《えきか》は䷚山雷頤の形が箱です。震《しん》☳は下箱で艮《ごん》☶は上箱即ち蓋《ふた》となります。下箱の蓋を閉めてしまうと中に何が入っているか分かりませんので、物を隠す意になります。

この易卦《えきか》は商売業務を開始する意があり、別の意では議論争論と見ることができます。易卦の頤《い》は大きく口を開いた形で、養うという意味が強くあります。上爻変なので上顎《うわあご》が外れた状態です。上顎の外れた状態は物を食べようとしても食べられないのです。市民の間に物が十分に行き渡らない状況と見られます。また他者を誹謗中傷《ひぼうちゅうしょう》し貶《おとし》めることも示唆しています。

爻辞《こうじ》に「由頤《よりてやしなう》。厲吉《あやうけれどきち》。利渉大川《たいせんをわたるによろし》。」由《よ》りて頤《やしな》う。厲《あやう》けれど吉《きち》。大川《たいせん》を渉《わた》るに利《よろ》し。政府は一時も早く社会情勢を安定させるべく手を打つのが緊急の課題となっています。重い任務だけれどやりがいのある仕事となります。成し遂げた後に大いなる喜びが待っていると見られます。それが大川を渉るに利しということです。

之卦《しか》は䷗地雷復《じらいふく》です。象意解は「地を掘《ほ》って宝を得るの象、破屋重《はおくかさ》ねて修《おさ》むの意」です。

このようなことから本年の日本の社会について見ていきますと、不況の中でも新たな挑戦をしようとする人たちが現れます。閉塞感《へいそくかん》を打ち破ろうとする行動が活発になります。何が現れるか想像がつかなかったものが飛び出してくる可能性があります。頤は顎で養うの意味です。一口に養うと言っても、人間の身体を養う、人間の精神を養う、あるいは他人に施して養うなど、いろいろなことが考えられます。口は禍《わざわい》の元というように、口の役目をインターネットで行なう誹謗《ひぼう》中傷も後を絶たない。何を養うのかをよく考えて時宜《じぎ》をわきまえ、健全な社会情勢の実現を目指すべきでしょう。

④日本の政治について

本卦《ほんか》䷴風山漸《ふうざんぜん》の二爻変《にこうへん》

本卦《ほんか》の象意解《しょういかい》は「山中《さんちゅう》木を植えるの象《かたち》、千里《せんり》一歩の意」です。

本卦の上卦《じょうか》☴巽風《そんぷう》は木で下卦《げか》☶艮山《ごんさん》は山です。したがって山に木を植えた形となります。「漸《ぜん》」は急進するのではなくだんだんに進む形なのです。千里の道も一歩からといいます。樹木が年輪を重ねて大きくなるように、遅くとも小を積んで大を成す漸進《ぜんしん》の精神で改革を進めるのが良いのです。

爻辞《こうじ》に「鴻漸于磐《こういわおにすすむ》。飲食衎衎《いんしょくかんかんたり》。吉《きち》。」鴻磐《こういわお》に漸《すす》む。飲食《いんしょく》衎衎《かんかん》たり。吉。今まで水際《みずぎわ》にいた鴻が現在磐《いわお》に進んで餌をついばみ楽しんでいる。象《しょう》に曰《いわ》く「飲食衎衎《いんしょくかんかん》。不素《そほうせ》飽也《ざるなり》。」飲食衎衎《かんかん》たり。素飽《そほう》せざる也。大衆の信頼を受けて衎衎《かんかん》として楽しんでいる。二爻変《にこうへん》を得たのですが四爻《よんこう》に「或得其桷《あるいはそのかくをえる》」とあります。鴻《こう》が安心して停まれるのが桷《かく》なのです。二年後には大衆への信頼を失わなければ安定した政権を得ることができることを表しています。

之卦《しか》は䷸巽為風《そんいふう》です。象意解は「飃風舟を覆《くつがえ》すの象、枝折れ幹仆《たお》れるの意」です。

　このようなことから本年の日本の政治を見ていきますと、緩やかではあるけれど安定した政情へ向かう要素が生まれてきたことが分かります。小さなことを積み重ねていく漸進の気が全体に広がっていく様子です。現政権は昨年までは水際にいる状態だったものが固い磐の上に乗ることができたのです。下卦《げか》に☶艮山《ごんさん》がありますが、山は動かない象徴です。このことから旧来の政党が実権を握り続けることになります。野党は今少し努力をしないと政権担当の党にはなり難いことが分かります。この二年の間に与党の牙城《がじょう》を揺るがせないと今後四年間は野党のままでいることになります。

⑤日本の外交について

本卦《ほんか》䷪沢天夬《たくてんかい》の初爻変《しょこうへん》

　本卦《ほんか》の象意解《しょういかい》は「蛟龍《こうりゅう》天に登るの象《かたち》、羝羊触《ていようふ》れるを喜ぶの意」です。

　本卦の夬《かい》は決し去ることを意味します。あまりに強過ぎて失敗することを戒《いまし》めている卦象《かしょう》です。

　爻辞《こうじ》に「壮于前趾《あしをすすむるにそうなり》。往不勝為咎《ゆきてかたずとがとなす》。」とあります。趾《あし》を前《すす》むるに壮《そう》なり。往《ゆ》きて勝《か》たず咎《とが》と為《な》す。初爻《しょこう》を得たので位は一番下であることを示しています。即ち世界情勢を見誤って間違った対応をして相手が応じてくれない状況です。それどころか相手にもされないような悲惨な状況が待ち構えています。それが「往きて勝たず咎をなす。」ということです。咎を為すということなので友好国にも何らかの悪影響を与えることを示唆《しさ》しています。外交の時期が早過ぎたということがいえます。また一陰爻《いちいんこう》が上爻《じょうこう》にあり独裁者的人物が世論を抑え我を通していると見られます。陰《かげ》で支配している形でもあります。

　之卦《しか》は䷛沢風大過《たくふうたいか》です。象意解は「常山《じょうざん》の蛇《へび》の如《ごと》きの象、花街《はなまち》に馬を走らすの意」です。

　このようなことから本年の日本の外交を見ていきますと、時宜《じぎ》を得ない発言や外交をして失敗をする形が見られます。その上そのことが友好国にも悪い影響を与えてしまうという事態まで起きます。一つには自分の力量を弁《わきま》えない言動が相手国の反発を招いてしまいます。私利私欲を抑え国民に仕えるという無垢《むく》の気持ちで臨《のぞ》まなければ真の外交交渉はできないものでしょう。強硬に志望を遂《と》げようとしても上手くいかない。勝算の目途も立たないのにやみくもに突き進んでいく愚は避けなければいけないでしょう。時期と周囲国の情勢を見極めていくなら上手くいくともいえます。

⑥日本の気象・災害について

本卦《ほんか》䷍火天大有《かてんたいゆう》の上爻変《じょうこうへん》

　本卦《ほんか》の象意解《しょういかい》は「窓を穿《うが》って明《めい》を開《ひら》くの象《かたち》、深谷《しんこく》花発《ひら》くの意」です。

　本卦は☰乾天《けんてん》の上に☲離火《りか》が輝いている。易卦《えきか》の大有《たいゆう》とは大いに有《たも》つことを表しています。太陽が輝き大いに有つことから一見すると吉のように見えますが、目下は盛運であるが次第に衰運に向かうことを暗示しています。五爻《ごこう》の君位に陰爻が位置するため柔弱なのです。言うなれば現在富裕なものが零落する兆候《ちょうこう》を持っているのです。気象に当てはめれば、穏やかな良き日と思っていると突然の災害が起きることを暗示します。さらにこの易卦は帰魂卦《きこんか》といわれる。人が盛運の内に命を落とすことがあるかも知れないという易象《えきしょう》です。地球に当てはめれば一部の地域が破壊され人間界には損害を与えるかも知れないのです。爻辞《こうじ》に「自天祐之《てんよりこれをたすく》。吉无不利《きちにしてよろしからざるなし》。」とあります。天自《てんよ》り之《これ》を祐《たす》く。吉にして利《よろ》しからざる无《な》し。天が助け順調である。吉にして悪いはずがない。ここに帰魂卦の天命が入るので災害が起きます。

之卦《しか》は䷡雷天大壮《らいてんたいそう》です。象意解は「猛虎角《もうこつの》を生ずるの象、錦《にしき》を衣《き》て夜行くの意」です。

このようなことから本年の日本の気象・災害を見ていきますと、温暖な日を送っていると太陽が東から東南にかかる頃に災害が起きます。場所は東から東南方位ですから房総半島一帯に地震が発生する可能性が見られます。山崩れのため平坦地に水が出て火の供給が間に合わないことがあります。

☰乾天の上に☲離火がありますから山火事の心配もあります。平坦地に水害が起きないよう日頃からの警戒が必要です。山林の管理は難しいところがあるでしょうが、警戒を強くして災害を未然に防ぎ、最小限の被害に抑えたいものです。

⑦世界の動きについて

本卦《ほんか》䷞沢山咸《たくさんかん》の上爻変《じょうこうへん》

本卦《ほんか》の象意解《しょういかい》は「山沢《さんたく》気を通ずるの象《かたち》、鶯吟《うぐいすぎん》じ鳳舞《ほうま》うの意」です。

本卦の咸《かん》は感じるで☶艮山《ごんさん》の陽と☱兌沢《だたく》の陰が気を通じ感じているのです。本来この易卦《えきか》は和合して物事が調《ととの》うのです。お互いに感じるところがあって通じるのです。上卦《じょうか》の☱兌沢は人間の口にあたるので、自然発生的の感ではなく話術をもって自分から咸を求めようとする。話術が巧みな国が各国と気を通じる気運が見えるのです。

象《しょう》に曰《いわ》く「咸其輔頬舌騰口説也《そのほきょうぜつにかんずるはこうせつをあぐるなり》。」とあります。其《そ》の輔頬舌《ほきょうぜつ》に咸ずるは口説《こうせつ》を騰《あ》ぐる也《なり》。この象はまさしく右のことをいうのです。各国が共通認識を持って同じ方向を向こうとする姿が見られるのです。コロナ禍という未曾有《みぞう》の出来事を経験し、世界は一つにならなければ危機を越えられないことを知ったのです。このことから学び、互いに気を通じようとする気運が持ち上がってきたことを示します。

ただしこの易卦は時に他者に対する事柄について背《そむ》くという意があるので注意が肝心《かんじん》です。

之卦《しか》は䷠天山遯《てんざんとん》です。象意解は「貴人《きじん》山に隠《かく》れるの象《かたち》、井《せい》を鑿《うが》って泉《いずみ》なきの意」です。

このようなことから本年の世界の動きを見ていきますと、各国が気を通じて同じ方向を向いて世界平和を推進していかなければ地球全体が危機に陥《おちい》ってしまう。その重要性に気付いた国同士が話し合いで友好和平を推進していこうとする気運が湧《わ》き上がります。そんな情勢の中でも一部の国は自国第一を掲《かか》げ我を通そうとしています。☱兌沢の少女のように成熟しきれない国もあるようです。

⑧米国の情勢について

本卦《ほんか》☶☴山風蠱《さんぷうこ》の上爻変《じょうこうへん》

本卦《ほんか》の象意解《しょういかい》は「門内《もんない》に賊《ぞく》あるの象《かたち》、石上蓮《せきじょうはす》を栽《う》えるの意」です。

易卦《えきか》の上卦《じょうか》☶艮山《ごんさん》は門を表し下卦《げか》の☴巽風《そんぷう》を賊と見ます。そこで門内に賊がある象。卦名《かめい》の蠱《こ》は破る、惑《まど》わすの意味です。したがって、すべてのことに破れやすく禍《わざわい》があるのです。一時的に勢いがあるけれど次第に窮地《きゅうち》に陥《おちい》る卦象《かしょう》なのです。泰平が続くと必ず内部に腐敗と混乱が起こることはどの国の歴史を見ても分かることです。

爻辞《こうじ》に「不事王侯《おうこうにつかえず》。高尚其事《そのことをこうしょうにす》。」とあります。王侯《おうこう》に事《つか》えず。其の事を高尚にす。王侯に仕えず野に居て一身に高尚を保っている人が居る。その志は模範とするところです。

象《しょう》に曰《いわ》く「山下有風蠱《さんげにかぜあるはこなり》。君子《くんし》以振民育徳《もってたみをすくいとくをやしなう》。」とあります。山下《さんげ》に風あるは蠱《こ》なり。君子以《もっ》て民を振《すく》い徳《とく》を育《やしな》う。上に立つ人が悩める民衆を助け一身の徳を養う。世界に目を向けることは大事だが自国の窮状を救うことを率先させる姿が見られます。

之卦《しか》は☷☴地風升《ちふうしょう》です。象意解は「橋上往来《きょうじょうおうらい》の象、三月説《よろこ》びあるの意」です。

このようなことから米国の情勢を見ていきますと、一時の勢いは薄れ、国内の窮状の救助を優先させる姿が見えます。一部の人に政府に属することを離れ、野に下り高潔を保ち、国の行く末を案じている人が現れます。内部にいると身の保全だけを考えて国の先行きを考えない人がいるのです。威力と傲慢によって人民を顧《かえり》みず上下安穏享楽《あんのんきょうらく》に陥《おちい》ってしまいます。そうなってはいけないので大統領自らが徳を養う行動に踏み切る状況が見られます。

⑨欧州の情勢について

本卦《ほんか》☴☷風地観《ふうちかん》の三爻変《さんこうへん》

本卦《ほんか》の象意解《しょういかい》は「風塵埃《じんあい》を揚《あ》げるの象《かたち》、花を見て雨に遇《あ》うの意」です。

地上の☷坤地《こんち》に☴巽風《そんぷう》が吹き荒れている様子を表しています。利欲がせめぎ合い秩序崩壊の危機に直面している状態です。

卦名《かめい》の観は「視《み》る、示す」の意です。視る象《かたち》は下から上を視るのです。風が地上を吹く卦象《かしょう》です。風は目に見えないけれど、ものが揺《ゆ》れて動くことで風だと分かります。このことを物事の情勢に置き換えてみますと「机上の理論とか計画は容易であるが実際には何が起きるか分からない、予想外のことが起きるものです」と見られます。

三爻《さんこう》の爻辞《こうじ》に「観我生進退《わがせいをみてしんたいす》。」とあります。我《わ》が生《せい》を観《み》て進退《しんたい》す。この爻辞の大事なことは、他者をあてにせず自分の知恵と財力を推し量り計画を立てることにあります。他者を当てにすると必ずあてが外れて失敗する公算が大きいという卦象《かしょう》です。我が身の言動を顧《かえり》みて行く道を決すれば正道《せいどう》を失うことはないのです。

之卦《しか》は䷴風山漸《ふうざんぜん》です。象意解は「山中《さんちゅう》木を植えるの象、千里一歩《せんりいっぽ》の意」です。

このようなことから本年の欧州の情勢を見ていきますと、お互いの思惑《おもわく》がせめぎ合って秩序が乱れる情況に陥《おちい》る危険が迫っています。しかし歴史と経験のある指導的立場にある国の人が静思して現況の奥底を冷静に観察している。その態度が徳となって表れ、周囲の国に影響を及ぼしていきます。辛うじて団結を維持していく気運があります。欧州諸国が進むべき道を進んでいく様子が見られます。

⑩諸国の情勢について

本卦《ほんか》䷁坤為地《こんいち》の二爻変《にこうへん》

本卦《ほんか》の象意解《しょういかい》は「含弘斐《がんこうひ》有るの象《かたち》、品物《ひんぶつ》資《よ》って生じるの意」です。


本卦は純陰《じゅんいん》であるので、万事手堅いけれど優柔不断なところがあります。小利は得られるけれど大利に疎《うと》いと見られます。全体に急速に達成させようとすると失敗する。本来は徐々に進展するのが良いとされる易象《えきしょう》です。

爻辞《こうじ》に「直方大《ちょくほうだい》。不習无不利《ならわずしてよろしからざるなし》。」とあります。直方大《ちょくほうだい》。習《なら》わずして利《よろ》しからざる无《な》し。直方とは実直で物事を正しく処理することをいいます。「大」とありますから、その精神が公明正大であることを表します。それらは教えられて備わったものではなく、もともとそれにふさわしい性質を持っていたものです。さらにこの易卦《えきか》は従順中正《ちゅうせい》を持つものです。この二爻《にこう》が変じると地水師《ちすいし》となります。一陽《いちよう》が全卦《ぜんか》の主となり衆陰《しゅういん》を率《ひき》いていく形になります。即ち先頭に立って諸国を率いていくような国が現れるだろうことを示唆しています。

之卦《しか》は䷆地水師《ちすいし》です。象意解は「地勢淵《ちせいふち》に臨《のぞ》むの象、寡《か》を以《もっ》て衆《しゅう》を伏《ふく》するの意」です。

このようなことから本年の諸国の情勢を見ていきますと、コロナ禍《か》でまとまりがなかった諸国間の情勢に対してリーダーシップを発揮できる国が現れます。少なからず影響力を発揮することになります。今まで衆の中にまぎれ目立たなかった人でもあります。易卦《えきか》の坤為地《こんいち》は漸進《ぜんしん》するのが良いというものです。正にゆっくりとではあるけれど確実に目の前の小さな問題から解決するようにする様子が見られます。頭領《とうりょう》ではなくむしろ臣《しん》という姿勢が共感を呼ぶ様子です。

高島易断吉運本暦

行事・祭事

2023
令和5年

一月(大)

睦《む》月《つき》

觜《し》宿《しゅく》

(一月六日小寒の節より月命癸丑
九紫火星の月となる。暗剣殺は南の方位)

旧 十二月大
正月小

日	曜	十干・十二支	九星	行事	旧暦	六輝	中段	二十八宿	東京 日出入	東京 満潮	東京 干潮	大阪 日出入	大阪 満潮	大阪 干潮
一日	日	つちのと ひつじ	五黄	⊡元日、年賀、初詣、鷲宮催馬楽神楽 旧十二月大	10	先負	あやぶ	昴	06:50 16:38	00:21 11:57	05:39 19:29	07:05 16:58	06:18 14:34	08:06 22:37
二日	月	かのえ さる	四緑	振替休日、初荷、初夢、書初め 皇居一般参賀 庚申	11	仏滅	なる	畢	06:50 16:39	02:33 12:46	06:58 20:20	07:05 16:59	07:30 15:04	09:21 23:05
三日	火	かのと とり	三碧	出雲大社吉兆さん、福岡筥崎宮玉せせり 浜松寺野三日堂ひよんどり	12	大安	おさん	觜	06:50 16:40	03:46 13:46	08:12 21:05	07:05 17:00	08:03 15:41	13:47 23:36
四日	水	みずのえ いぬ	二黒	官庁御用始め	13	赤口	ひらく	参	06:51 16:41	04:29 14:40	09:12 21:46	07:05 17:01	08:19 16:22	11:22 –
五日	木	みずのと い	一白	初水天宮 一粒万倍日 不成就日、初亥	14	先勝	とづ	井	06:51 16:42	05:02 15:25	10:01 22:25	07:05 17:01	07:31 17:05	00:11 11:59
六日	金	きのえ ね	一白	小寒(00:05)、東京消防庁出初式 キリスト教公現祭 陽遁始め、甲子、天赦、初子 一粒万倍日	15	友引	とづ	鬼	06:51 16:42	05:31 16:03	10:41 23:02	07:06 17:02	07:36 17:49	00:46 12:33
七日	土	きのと うし	二黒	○満月、七草 福岡太宰府天満宮うそ替え・鬼すべ	16	先負	たつ	柳	06:51 16:43	05:59 16:37	11:16 23:37	07:06 17:03	08:01 18:29	01:21 13:05
八日	日	ひのえ とら	三碧	初薬師 東京鳥越神社とんど焼き 初寅	17	仏滅	のぞく	星	06:51 16:44	06:26 17:09	11:48 –	07:06 17:04	08:30 19:07	01:55 13:38
九日	月	ひのと う	四緑	京都西本願寺御正忌報恩講(〜十六日) ⊡成人の日、前橋初市まつり 一粒万倍日 初卯	18	大安	みつ	張	06:51 16:45	06:53 17:40	00:11 12:18	07:06 17:05	09:01 19:44	02:28 14:11
十日	火	つちのえ たつ	五黄	一一〇番の日 十日えびす、初金毘羅 初辰	19	赤口	たいら	翼	06:51 16:46	07:20 18:12	00:43 12:49	07:06 17:06	09:33 20:23	02:59 14:48
十一日	水	つちのと み	六白	鏡開き、蔵開き 愛知熱田神宮踏歌神事 己巳 初巳	20	先勝	さだん	軫	06:50 16:47	07:48 18:46	01:14 13:21	07:05 17:07	10:06 21:05	03:29 15:31
十二日	木	かのえ うま	七赤	三りんぼう 大つち(〜十八日)	21	友引	とる	角	06:50 16:48	08:17 19:25	01:44 13:56	07:05 17:08	10:40 21:52	04:00 16:23
十三日	金	かのと ひつじ	八白	長野新野の雪祭り(〜十五日) 不成就日	22	先負	やぶる	亢	06:50 16:49	08:48 20:14	02:14 14:37	07:05 17:08	11:15 22:48	04:32 17:36
十四日	土	みずのえ さる	九紫	仙台どんと祭、大磯の左義長 大阪四天王寺どやどや	23	仏滅	あやぶ	氐	06:50 16:50	09:21 21:23	02:47 15:31	07:05 17:09	11:50 –	05:08 20:21

行事・祭事の日程は変更される場合があります。ご了承ください。

十五日	日	みずのと とり	一白	◑下弦、小正月、東京世田谷のボロ市（～十六日） 富山利賀の初午、福井敦賀西町の綱引き	24	大安	なる	房	06:50 16:51	09:58 22:58	03:26 16:50	07:05 17:10	00:05 12:25	05:49 20:55
十六日	月	きのえ いぬ	二黒	えんま詣り	25	赤口	おさん	心	06:49 16:52	10:40 –	04:24 18:24	07:05 17:11	03:28 13:01	06:48 21:30
十七日	火	きのと い	三碧	冬土用（18:48）、秋田三吉神社梵天祭 防災とボランティアの日	26	先勝	ひらく	尾	06:49 16:53	01:14 11:32	06:03 19:35	07:04 17:12	05:56 13:40	08:11 22:14
十八日	水	ひのえ ね	四緑	初観音 一粒万倍日	27	友引	とづ	箕	06:49 16:54	03:11 12:39	07:39 20:33	07:04 17:13	06:32 14:32	09:42 23:01
十九日	木	ひのと うし	五黄		28	先負	たつ	斗	06:48 16:55	04:09 13:54	08:53 21:26	07:04 17:14	06:51 15:41	10:57 23:46
二十日	金	つちのえ とら	六白	大寒（17:30）、二十日正月 岩手毛越寺延年の舞、福岡大江の幸若舞 小つち（～二十六日）	29	仏滅	のぞく	牛	06:48 16:56	04:53 15:00	09:53 22:16	07:03 17:15	07:02 16:54	11:48 –
二十一日	土	つちのと う	七赤	初大師 一粒万倍日 不成就日	30	大安	みつ	女	06:48 16:57	05:33 15:55	10:44 23:05	07:03 17:16	07:24 17:56	00:29 12:30
二十二日	日	かのえ たつ	八白	●新月、旧元日 旧正月小 臘日	朔	先勝	たいら	虚	06:47 16:58	06:10 16:43	11:29 23:51	07:02 17:17	07:54 18:50	01:12 13:11
二十三日	月	かのと み	九紫		2	友引	さだん	危	06:47 16:59	06:45 17:28	12:10 –	07:02 17:18	08:28 19:39	01:53 13:53
二十四日	火	みずのえ うま	一白	初地蔵、東京巣鴨とげぬき地蔵尊例大祭 東京亀戸天神うそ替え（～二十五日） 三りんぼう 不成就日	3	先負	とる	室	06:46 17:00	07:18 18:13	00:34 12:50	07:02 17:19	09:03 20:26	02:33 14:36
二十五日	水	みずのと ひつじ	二黒	初天神	4	仏滅	やぶる	壁	06:46 17:01	07:48 18:57	01:12 13:30	07:01 17:20	09:41 21:13	03:13 15:22
二十六日	木	きのえ さる	三碧	文化財防火デー 十方暮れ（～二月四日）	5	大安	あやぶ	奎	06:45 17:02	08:15 19:44	01:46 14:10	07:00 17:21	10:18 22:02	03:51 16:17
二十七日	金	きのと とり	四緑	福島都々古別神社の御田植祭 小田原道了尊大祭（～二十八日）	6	赤口	なる	婁	06:45 17:03	08:40 20:36	02:16 14:55	07:00 17:22	10:54 22:58	04:26 17:32
二十八日	土	ひのえ いぬ	五黄	奈良若草山山焼き 初不動、松山椿まつり（～三十日）	7	先勝	おさん	胃	06:44 17:04	09:05 21:42	02:43 15:50	06:59 17:23	11:26 –	04:51 19:42
二十九日	日	ひのと い	六白	◐上弦	8	友引	ひらく	昴	06:43 17:05	09:31 23:24	03:06 17:06	06:59 17:24	00:29 11:44	01:58 20:56
三十日	月	つちのえ ね	七赤	一粒万倍日	9	先負	とづ	畢	06:43 17:06	10:05 –	03:22 18:36	06:58 17:25	09:32 –	21:57 –
三十一日	火	つちのと うし	八白		10	仏滅	たつ	觜	06:42 17:07	10:57 –	19:50 –	06:57 17:26	08:47 –	22:45 –

2023
令和5年

二月(平)

如月《きさらぎ》

参宿《しんしゅく》

(二月四日立春の節より月命甲寅
八白土星の月となる。暗剣殺は東北の方位)

旧 正月小
二月大

日	曜	十干・十二支	九星	行事	旧暦	六輝	中段	二十八宿	東京 日出入	東京 満潮	東京 干潮	大阪 日出入	大阪 満潮	大阪 干潮
一日	水	かのえ とら	九紫	山形春日神社王祇祭(〜二日) 尾鷲ヤーヤ祭り(〜五日) 旧正月小 不成就日	11	大安	のぞく	参	06:41 17:08	04:19 12:50	07:58 20:46	06:57 17:27	08:31 –	23:25 –
二日	木	かのと う	一白	一粒万倍日	12	赤口	みつ	井	06:40 17:09	04:38 14:31	09:16 21:33	06:56 17:28	08:32 –	– –
三日	金	みずのえ たつ	二黒	節分、豆まき、愛知国府宮はだか祭り 奈良春日大社節分万燈籠	13	先勝	たいら	鬼	06:40 17:10	04:59 15:24	10:04 22:15	06:55 17:29	07:16 13:59 17:17	00:00 12:11 15:38
四日	土	みずのと み	三碧	立春(11:43) 天一天上(〜十九日)	14	友引	たいら	柳	06:39 17:11	05:20 16:02	10:39 22:52	06:54 17:30	07:17 18:01	00:34 12:30
五日	日	きのえ うま	四緑	初午、宮城米川の水かぶり 京都伏見稲荷初午大祭 一粒万倍日	15	先負	さだん	星	06:38 17:12	05:41 16:36	11:10 23:26	06:54 17:31	07:38 18:38	01:05 12:56
六日	月	きのと ひつじ	五黄	○満月、和歌山新宮神倉神社御燈祭り	16	仏滅	とる	張	06:37 17:13	06:03 17:07	11:38 23:57	06:53 17:32	08:02 19:12	01:35 13:24
七日	火	ひのえ さる	六白	北方領土の日	17	大安	やぶる	翼	06:36 17:14	06:24 17:37	12:06 –	06:52 17:33	08:26 19:46	02:02 13:54
八日	水	ひのと とり	七赤	針供養、こと始め	18	赤口	あやぶ	軫	06:35 17:15	06:46 18:09	00:26 12:34	06:51 17:34	08:52 20:22	02:28 14:28
九日	木	つちのえ いぬ	八白	不成就日	19	先勝	なる	角	06:34 17:16	07:08 18:43	00:53 13:02	06:50 17:35	09:18 21:01	02:55 15:06
十日	金	つちのと い	九紫	福島信夫三山暁まいり(〜十一日) 加賀菅生石部竹割り祭り 三りんぼう	20	友引	おさん	亢	06:33 17:17	07:32 19:21	01:20 13:32	06:49 17:36	09:47 21:44	03:24 15:50
十一日	土	かのえ ね	一白	◉建国記念の日、秋田六郷のカマクラ(〜十五日) 奈良橿原神宮紀元祭	21	先負	ひらく	氐	06:32 17:18	07:56 20:06	01:46 14:05	06:48 17:37	10:16 22:35	03:55 16:41
十二日	日	かのと うし	二黒	一粒万倍日	22	仏滅	とづ	房	06:31 17:19	08:21 21:02	02:12 14:45	06:47 17:38	10:44 23:41	04:28 17:43
十三日	月	みずのえ とら	三碧	東京板橋赤塚の田遊び	23	大安	たつ	心	06:30 17:20	08:50 22:23	02:41 15:39	06:46 17:39	11:09 –	05:03 18:53
十四日	火	みずのと う	四緑	◑下弦、奈良長谷寺だだおし バレンタインデー	24	赤口	のぞく	尾	06:29 17:21	09:24 –	03:14 17:11	06:45 17:40	11:14 –	20:11 –

十五日	水	きのえ たつ	五黄	福井水海の田楽能舞 横手かまくら（〜十六日）		25	先勝	みつ	箕	06:28 17:22	01:28 10:12	04:42 18:58	06:44 17:41	05:59 09:53	07:31 21:45
十六日	木	きのと み	六白	横手の梵天（〜十七日）		26	友引	たいら	斗	06:27 17:23	03:37 11:42	07:31 20:18	06:43 17:42	06:29 –	22:51 –
十七日	金	ひのえ うま	七赤	二の午、伊勢神宮祈年祭（〜二十三日） 八戸えんぶり（〜二十日）	一粒万倍日 不成就日	27	先負	さだん	牛	06:26 17:24	04:14 13:50	09:02 21:20	06:42 17:43	06:44 15:36	11:28 23:37
十八日	土	ひのと ひつじ	八白	岡山西大寺会陽はだか祭り 京都涌出宮居籠祭（〜十九日）		28	仏滅	とる	女	06:25 17:25	04:46 15:07	09:57 22:12	06:41 17:44	06:45 17:05	11:48 –
十九日	日	つちのえ さる	九紫	雨水（07:34）、福井賀茂神社睦月神事 千葉茂名の里芋祭り（〜二十一日）		29	大安	やぶる	虚	06:24 17:26	05:16 16:00	10:40 22:59	06:40 17:45	07:00 18:00	00:17 12:20
二十日	月	つちのと とり	一白	●新月	旧二月大	朔	友引	あやぶ	危	06:23 17:27	05:45 16:46	11:18 23:40	06:39 17:46	07:25 18:48	00:55 12:56
二十一日	火	かのえ いぬ	二黒		不成就日	2	先負	なる	室	06:21 17:28	06:12 17:29	11:55 –	06:38 17:47	07:55 19:32	01:32 13:35
二十二日	水	かのと い	三碧		三りんぼう	3	仏滅	おさん	壁	06:20 17:29	06:37 18:10	00:17 12:30	06:37 17:48	08:26 20:16	02:08 14:15
二十三日	木	みずのえ ね	四緑	⊡天皇誕生日 京都醍醐寺五大力尊仁王会	八専（〜三月六日）	4	大安	ひらく	奎	06:19 17:30	07:00 18:52	00:49 13:05	06:35 17:48	08:58 20:59	02:43 14:59
二十四日	金	みずのと うし	五黄	上州白久保のお茶講	一粒万倍日	5	赤口	とづ	婁	06:18 17:31	07:21 19:34	01:18 13:41	06:34 17:49	09:29 21:45	03:15 15:47
二十五日	土	きのえ とら	六白	京都北野天満宮梅花祭		6	先勝	たつ	胃	06:17 17:32	07:40 20:20	01:42 14:18	06:33 17:50	09:55 22:38	03:42 16:45
二十六日	日	きのと う	七赤			7	友引	のぞく	昴	06:15 17:33	07:59 21:15	02:01 15:01	06:32 17:51	10:10 –	03:50 18:05
二十七日	月	ひのえ たつ	八白	◐上弦		8	先負	みつ	畢	06:14 17:34	08:19 22:39	02:13 16:00	06:31 17:52	09:25 –	19:32 –
二十八日	火	ひのと み	九紫			9	仏滅	たいら	觜	06:13 17:35	08:41 –	01:55 17:35	06:29 17:53	08:04 –	20:56 –

日出入、満潮、干潮について

●毎日の日出入、満潮、干潮の時刻は東京（晴海）、大阪における値です。
●資料提供　一般財団法人日本水路協会　情報事業部　電話〇三（五七〇八）七〇七一

2023
令和5年

三月(大)

弥生《やよい》

井宿《せいしゅく》

(三月六日啓蟄の節より月命乙卯
七赤金星の月となる。暗剣殺は西の方位)

旧 二月大 二月小

日	曜	十干・十二支	九星	行事	旧暦	六輝	中段	二十八宿	東京 日出入	東京 満潮	東京 干潮	大阪 日出入	大阪 満潮	大阪 干潮
一日	水	つちのえ うま	一白	春の全国火災予防運動(～七日) 旧二月大、不成就日 一粒万倍日	10	大安	さだん	参	06:11 17:36	09:10 –	19:15 –	06:28 17:54	07:53 –	22:07 –
二日	木	つちのと ひつじ	二黒	若狭小浜お水送り	11	赤口	とる	井	06:10 17:37	04:18 12:00	08:46 20:25	06:27 17:55	07:55 –	22:58 –
三日	金	かのえ さる	三碧	耳の日 ひな祭り 庚申	12	先勝	やぶる	鬼	06:09 17:38	04:22 14:35	09:35 21:17	06:26 17:56	07:54 16:36	14:58 23:37
四日	土	かのと とり	四緑	越後浦佐毘沙門堂裸押合大祭	13	友引	あやぶ	柳	06:08 17:38	04:36 15:22	10:03 21:58	06:24 17:56	06:36 13:31 17:19	12:04 14:52
五日	日	みずのえ いぬ	五黄	江戸流しびな	14	先負	なる	星	06:06 17:39	04:52 15:58	10:29 22:34	06:23 17:57	06:46 17:54	00:11 12:16
六日	月	みずのと い	六白	啓蟄(05:36)	15	仏滅	なる	張	06:05 17:40	05:10 16:29	10:55 23:06	06:22 17:58	07:04 18:27	00:40 12:38
七日	火	きのえ ね	七赤	○満月、消防記念日 甲子	16	大安	おさん	翼	06:04 17:41	05:28 17:00	11:20 23:35	06:20 17:59	07:24 18:59	01:06 13:03
八日	水	きのと うし	八白	国際女性デー	17	赤口	ひらく	軫	06:02 17:42	05:46 17:32	11:46 –	06:19 18:00	07:45 19:32	01:29 13:32
九日	木	ひのえ とら	九紫	茨城鹿島神宮祭頭祭 一粒万倍日 三りんぼう、不成就日	18	先勝	とづ	角	06:01 17:43	06:06 18:05	00:03 12:12	06:18 18:01	08:07 20:08	01:54 14:04
十日	金	ひのと う	一白	鹽竈神社帆手まつり	19	友引	たつ	亢	05:59 17:44	06:26 18:40	00:30 12:39	06:16 18:02	08:32 20:47	02:21 14:40
十一日	土	つちのえ たつ	二黒	近江八幡左義長まつり(～十二日) 東日本大震災の日	20	先負	のぞく	氐	05:58 17:45	06:46 19:18	00:56 13:07	06:15 18:02	08:59 21:31	02:51 15:21
十二日	日	つちのと み	三碧	奈良東大寺二月堂修二会お水取り(～十三日) 己巳	21	仏滅	みつ	房	05:57 17:46	07:08 20:02	01:22 13:38	06:14 18:03	09:25 22:22	03:23 16:07
十三日	月	かのえ うま	四緑	大つち(～十九日)	22	大安	たいら	心	05:55 17:46	07:30 20:58	01:48 14:14	06:12 18:04	09:48 23:32	03:58 17:01
十四日	火	かのと ひつじ	五黄	ホワイトデー	23	赤口	さだん	尾	05:54 17:47	07:55 22:23	02:14 15:02	06:11 18:05	09:51 –	04:33 18:07

日	曜	干支	九星	行事・祭事	旧暦	六曜	十二直	二十八宿						
十五日	水	みずのえ さる	六白	◑下弦、京都嵯峨釈迦堂お松明式 長野善光寺春のお会式	24	先勝	とる	箕	05:52 17:48	08:24 –	02:41 16:28	06:10 18:06	08:35 –	19:27 –
十六日	木	みずのと とり	七赤	西宮廣田神社御例祭 一粒万倍日	25	友引	やぶる	斗	05:51 17:49	02:45 09:08	04:30 18:37	06:08 18:06	05:40 –	21:19 –
十七日	金	きのえ いぬ	八白	不成就日	26	先負	あやぶ	牛	05:50 17:50	03:25 11:37	08:09 20:08	06:07 18:07	06:06 –	22:31 –
十八日	土	きのと い	九紫	石川気多大社おいで祭り(～二十三日) 彼岸入り	27	仏滅	なる	女	05:48 17:51	03:52 14:08	09:10 21:10	06:05 18:08	06:13 16:06	12:24 23:17
十九日	日	ひのえ ね	一白	宮崎山之口麓文弥節人形浄瑠璃	28	大安	おさん	虚	05:47 17:51	04:17 15:13	09:49 21:59	06:04 18:09	06:07 17:05	11:34 23:55
二十日	月	ひのと うし	二黒	東京上野動物園開園記念日	29	赤口	ひらく	危	05:45 17:52	04:42 16:01	10:24 22:42	06:03 18:10	06:23 17:52	12:03 –
二十一日	火	つちのえ とら	三碧	⊡春分の日(06:23) 社日、会津彼岸獅子 一粒万倍日、三りんぼう 小つち(～二十七日)、天赦	30	先勝	とづ	室	05:44 17:53	05:07 16:44	10:59 23:19	06:01 18:10	06:48 18:36	00:30 12:37
二十二日	水	つちのと う	四緑	●新月、放送記念日 奈良法隆寺お会式(～二十四日) 旧二月小	朔	友引	たつ	壁	05:42 17:54	05:30 17:25	11:33 23:52	06:00 18:11	07:17 19:19	01:04 13:15
二十三日	木	かのえ たつ	五黄	世界気象デー 不成就日	2	先負	のぞく	奎	05:41 17:55	05:51 18:05	12:06 –	05:59 18:12	07:47 20:02	01:38 13:54
二十四日	金	かのと み	六白	彼岸明け	3	仏滅	みつ	婁	05:40 17:56	06:12 18:46	00:22 12:39	05:57 18:13	08:16 20:46	02:10 14:36
二十五日	土	みずのえ うま	七赤	電気記念日、鹿児島霧島神宮お田植祭 奈良薬師寺花会式(～三十一日)	4	大安	たいら	胃	05:38 17:57	06:31 19:27	00:49 13:12	05:56 18:14	08:42 21:32	02:39 15:21
二十六日	日	みずのと ひつじ	八白	福岡阿蘇神社泥打祭り	5	赤口	さだん	昴	05:37 17:57	06:50 20:10	01:13 13:46	05:54 18:14	09:00 22:29	03:02 16:13
二十七日	月	きのえ さる	九紫	東京品川千躰荒神春季大祭(～二十八日) 神奈川仙石原の湯立獅子舞 十方暮れ(～四月五日)	6	先勝	とる	畢	05:35 17:58	07:08 21:02	01:33 14:23	05:53 18:15	08:54 –	03:06 17:15
二十八日	火	きのと とり	一白	一粒万倍日	7	友引	やぶる	觜	05:34 17:59	07:27 22:17	01:49 15:12	05:52 18:16	07:27 –	18:24 –
二十九日	水	ひのえ いぬ	二黒	◐上弦	8	先負	あやぶ	参	05:32 18:00	07:45 –	01:49 16:34	05:50 18:17	06:59 –	19:46 –
三十日	木	ひのと い	三碧		9	仏滅	なる	井	05:31 18:01	07:47 –	18:27 –	05:49 18:18	06:51 –	21:16 –
三十一日	金	つちのえ ね	四緑	不成就日	10	大安	おさん	鬼	05:30 18:01	03:32 12:10	09:47 19:49	05:47 18:18	06:48 15:35	14:14 22:20

2023
令和5年

四月（小）

卯《う》月《づき》

鬼《き》宿《しゅく》

（四月五日清明の節より月命丙辰
六白金星の月となる。暗剣殺は西北の方位）

旧 二月小
三月大

日	曜	十干・十二支	九星	行事	旧暦	六輝	中段	二十八宿	東京 日出入	東京 満潮	東京 干潮	大阪 日出入	大阪 満潮	大阪 干潮
一日	土	つちのと うし	五黄	新学年、新会計年度、愛知犬山祭、岐阜まつり（～二日） エイプリルフール、佐原香取神宮御田植祭（～二日） 旧二月小	11	赤口	ひらく	柳	05:28 18:02	03:37 14:20	09:26 20:47	05:46 18:19	05:54 16:26	14:02 23:02
二日	日	かのえ とら	六白	日光輪王寺強飯式 三りんぼう 一粒万倍日	12	先勝	とづ	星	05:27 18:03	03:52 15:06	09:43 21:29	05:45 18:20	05:53 17:03	11:48 23:36
三日	月	かのと う	七赤		13	友引	たつ	張	05:25 18:04	04:09 15:42	10:06 22:05	05:43 18:21	06:06 17:36	11:55 –
四日	火	みずのえ たつ	八白	秩父神社御田植祭	14	先負	のぞく	翼	05:24 18:05	04:26 16:16	10:29 22:37	05:42 18:21	06:21 18:08	00:03 12:13
五日	水	みずのと み	九紫	清明（10：13） 天一天上（～二十日）	15	仏滅	のぞく	軫	05:23 18:06	04:43 16:50	10:54 23:07	05:41 18:22	06:38 18:41	00:27 12:37
六日	木	きのえ うま	一白	○満月 三りんぼう	16	大安	みつ	角	05:21 18:06	05:02 17:24	11:20 23:36	05:39 18:23	06:58 19:16	00:51 13:06
七日	金	きのと ひつじ	二黒	世界保健デー、信玄公祭り（～九日）	17	赤口	たいら	亢	05:20 18:07	05:21 18:00	11:46 –	05:38 18:24	07:22 19:54	01:18 13:39
八日	土	ひのえ さる	三碧	花まつり 不成就日	18	先勝	さだん	氐	05:18 18:08	05:42 18:39	00:05 12:15	05:37 18:25	07:48 20:35	01:48 14:15
九日	日	ひのと とり	四緑	京都今宮神社やすらい祭、復活祭（イースター） 茨城笠間稲荷例大祭、長浜曳山まつり（～十七日）	19	友引	とる	房	05:17 18:09	06:04 19:21	00:34 12:45	05:35 18:25	08:15 21:23	02:22 14:55
十日	月	つちのえ いぬ	五黄	新潟糸魚川けんか祭り（～十一日） 京都平野神社桜花祭	20	先負	やぶる	心	05:16 18:10	06:27 20:09	01:03 13:18	05:34 18:26	08:41 22:21	02:58 15:41
十一日	火	つちのと い	六白	メートル法公布記念日	21	仏滅	あやぶ	尾	05:14 18:11	06:52 21:11	01:33 13:58	05:33 18:27	08:58 23:47	03:36 16:36
十二日	水	かのえ ね	七赤	大津日吉大社山王祭（～十五日） 世界宇宙飛行の日 一粒万倍日	22	大安	なる	箕	05:13 18:11	07:19 22:52	02:06 14:52	05:31 18:28	07:56 –	04:23 17:42
十三日	木	かのと うし	八白	◑下弦、熊野本宮大社例大祭（～十五日） 日光二荒山神社弥生祭（～十七日）	23	赤口	おさん	斗	05:12 18:12	07:50 –	02:59 16:18	05:30 18:29	04:05 –	19:05 –
十四日	金	みずのえ とら	九紫	奈良當麻寺練供養会式 春の高山祭り（～十五日）	24	先勝	ひらく	牛	05:10 18:13	01:30 08:55	05:55 18:18	05:29 18:29	04:56 –	20:48 –

十五日	土	みずのと　う	一白		一粒万倍日	25	友引	とづ	女	05:09 18:14	02:31 12:30	08:10 19:47	05:27 18:30	05:21 14:47	12:41 21:59
十六日	日	きのえ　たつ	二黒		不成就日	26	先負	たつ	虚	05:08 18:15	03:04 14:09	08:52 20:47	05:26 18:31	05:14 16:02	11:01 22:45
十七日	月	きのと　み	三碧	科学技術週間（〜二十三日） 春土用（15:36）		27	仏滅	のぞく	危	05:06 18:16	03:31 15:08	09:27 21:35	05:25 18:32	05:18 16:54	11:10 23:22
十八日	火	ひのえ　うま	四緑	発明の日、新潟彌彦神社大々神楽	三りんぼう	28	大安	みつ	室	05:05 18:16	03:56 15:56	10:00 22:15	05:24 18:33	05:40 17:40	11:40 23:57
十九日	水	ひのと　ひつじ	五黄	岐阜古川の起し太鼓（〜二十日）		29	赤口	たいら	壁	05:04 18:17	04:20 16:40	10:34 22:52	05:22 18:33	06:07 18:24	12:16 －
二十日	木	つちのえ　さる	六白	穀雨（17:14） ●新月、郵政記念日	旧三月大 不成就日	朔	先負	さだん	奎	05:02 18:18	04:43 17:21	11:07 23:25	05:21 18:34	06:37 19:07	00:32 12:54
二十一日	金	つちのと　とり	七赤	靖国神社春季例大祭（〜二十三日）		2	仏滅	とる	婁	05:01 18:19	05:06 18:02	11:40 23:56	05:20 18:35	07:06 19:51	01:05 13:34
二十二日	土	かのえ　いぬ	八白	鳥取もちがせ流しびな、旧ひな祭り		3	大安	やぶる	胃	05:00 18:20	05:28 18:42	12:13 －	05:19 18:36	07:34 20:37	01:37 14:15
二十三日	日	かのと　い	九紫	京都伏見稲荷神幸祭、京都松尾大社神幸祭 サン・ジョルディの日		4	赤口	あやぶ	昴	04:59 18:21	05:50 19:23	00:25 12:46	05:17 18:37	07:56 21:28	02:07 15:00
二十四日	月	みずのえ　ね	一白		一粒万倍日 八専（〜五月五日）	5	先勝	なる	畢	04:58 18:21	06:12 20:05	00:52 13:21	05:16 18:37	08:06 22:30	02:32 15:47
二十五日	火	みずのと　うし	二黒	奈良興福寺文殊会		6	友引	おさん	觜	04:56 18:22	06:34 20:53	01:19 13:58	05:15 18:38	07:28 －	02:45 16:39
二十六日	水	きのえ　とら	三碧			7	先負	ひらく	参	04:55 18:23	06:58 21:58	01:47 14:44	05:14 18:39	00:20 06:40	02:18 17:35
二十七日	木	きのと　う	四緑	和歌山道成寺会式 長崎開港記念日	一粒万倍日	8	仏滅	とづ	井	04:54 18:24	07:22 23:46	02:23 15:48	05:13 18:40	06:03 －	18:39 －
二十八日	金	ひのえ　たつ	五黄	◐上弦、水沢日高火防祭（〜二十九日）	不成就日	9	大安	たつ	鬼	04:53 18:25	07:46 －	04:06 17:19	05:12 18:41	05:14 －	20:06 －
二十九日	土	ひのと　み	六白	⊡昭和の日、米沢上杉まつり（〜五月三日） 京都壬生狂言（〜五月五日）、佐賀有田陶器市（〜五月五日）		10	赤口	のぞく	柳	04:52 18:26	01:38 11:29	08:13 18:48	05:11 18:41	04:46 15:08	13:21 21:24
三十日	日	つちのえ　うま	七赤	東京府中くらやみ祭り（〜五月六日）	三りんぼう	11	先勝	みつ	星	04:51 18:26	02:20 13:37	08:37 19:53	05:10 18:42	04:53 16:02	12:40 22:15

2023
令和5年

五月（大）

皐《さ》月《つき》

柳宿《りゅうしゅく》

（五月六日立夏の節より月命丁巳 五黄土星の月となる。暗剣殺はなし）

旧 三月大 四月小

日	曜	十干・十二支	九星	行事	旧暦	六輝	中段	二十八宿	東京 日出入	東京 満潮	東京 干潮	大阪 日出入	大阪 満潮	大阪 干潮
一日	月	つちのと ひつじ	八白	メーデー、富山高岡御車山祭 岩手平泉春の藤原まつり（～五日） 旧三月大	12	友引	たいら	張	04:49 18:27	02:46 14:35	09:02 20:41	05:09 18:43	05:04 16:41	11:34 22:50
二日	火	かのえ さる	九紫	八十八夜、下関赤間神宮先帝祭（～四日） 奈良東大寺聖武天皇祭 庚申	13	先負	さだん	翼	04:48 18:28	03:07 15:20	09:27 21:22	05:07 18:44	05:14 17:15	11:32 23:17
三日	水	かのと とり	一白	●憲法記念日、博多どんたく（～四日）、石川七尾青柏祭（～五日） 小田原北條五代祭り、横浜みなと祭り、浜松まつり（～五日）	14	仏滅	とる	軫	04:47 18:29	03:28 16:00	09:53 21:59	05:06 18:45	05:27 17:48	11:47 23:43
四日	木	みずのえ いぬ	二黒	●みどりの日、与論十五夜踊り 豊川稲荷春季祭（～五日）	15	大安	やぶる	角	04:46 18:30	03:50 16:39	10:21 22:34	05:05 18:45	05:45 18:24	12:10 －
五日	金	みずのと い	三碧	●こどもの日、児童福祉週間（～十一日） 端午、菖蒲湯	16	赤口	あやぶ	亢	04:45 18:31	04:13 17:18	10:50 23:08	05:04 18:46	06:09 19:02	00:13 12:41
六日	土	きのえ ね	四緑	立夏（03:19） ○満月 不成就日 甲子	17	先勝	あやぶ	氐	04:44 18:31	04:37 17:59	11:21 23:42	05:03 18:47	06:37 19:44	00:46 13:16
七日	日	きのと うし	五黄		18	友引	なる	房	04:43 18:32	05:03 18:42	11:54 －	05:03 18:48	07:07 20:30	01:21 13:56
八日	月	ひのえ とら	六白	世界赤十字デー	19	先負	おさん	心	04:42 18:33	05:31 19:30	00:17 12:30	05:02 18:49	07:37 21:23	01:59 14:41
九日	火	ひのと う	七赤	一粒万倍日	20	仏滅	ひらく	尾	04:41 18:34	06:00 20:24	00:53 13:11	05:01 18:49	08:04 22:28	02:41 15:31
十日	水	つちのえ たつ	八白	愛鳥週間（～十六日） 一粒万倍日	21	大安	とづ	箕	04:40 18:35	06:32 21:30	01:32 13:58	05:00 18:50	08:17 23:58	03:29 16:29
十一日	木	つちのと み	九紫	岐阜長良川鵜飼開き 己巳	22	赤口	たつ	斗	04:40 18:36	07:10 22:53	02:20 14:56	04:59 18:51	07:04 －	04:38 17:33
十二日	金	かのえ うま	一白	石川小松お旅まつり（～十四日） ◑下弦、看護の日 大つち（～十八日）	23	先勝	のぞく	牛	04:39 18:36	08:06 －	03:35 16:13	04:58 18:52	03:04 －	18:45 －
十三日	土	かのと ひつじ	二黒	大垣まつり（～十四日）	24	友引	みつ	女	04:38 18:37	00:15 10:02	05:44 17:45	04:57 18:52	03:56 －	20:10 －
十四日	日	みずのえ さる	三碧	母の日、出雲大社大祭礼（～十六日） 不成就日	25	先負	たいら	虚	04:37 18:38	01:15 12:24	07:20 19:05	04:56 18:53	04:11 14:42	11:17 21:19

十五日	月	みずのと　とり	四緑	沖縄本土復帰記念日、京都葵祭、神田明神例大祭		26	仏滅	さだん	危	04:36 18:39	01:57 13:54	08:12 20:07	04:56 18:54	04:09 15:51	10:36 22:07
十六日	火	きのえ　いぬ	五黄			27	大安	とる	室	04:35 18:40	02:31 14:58	08:53 20:58	04:55 18:55	04:28 16:44	10:50 22:48
十七日	水	きのと　い	六白	日光東照宮例大祭（〜十八日）	三りんぼう	28	赤口	やぶる	壁	04:35 18:40	03:01 15:50	09:30 21:41	04:54 18:56	04:55 17:32	11:22 23:25
十八日	木	ひのえ　ね	七赤			29	先勝	あやぶ	奎	04:34 18:41	03:29 16:37	10:06 22:21	04:53 18:56	05:25 18:18	11:59 －
十九日	金	ひのと　うし	八白	酒田まつり（〜二十一日）、奈良興福寺薪御能（〜二十日） 奈良唐招提寺うちわまき、三社祭（〜二十一日）		30	友引	なる	婁	04:33 18:42	03:57 17:20	10:42 22:59	04:53 18:57	05:56 19:04	00:01 12:38
二十日	土	つちのえ　とら	九紫	●新月、成田山薪能	小つち（〜二十六日） 旧四月小	朔	仏滅	おさん	胃	04:33 18:43	04:25 18:01	11:17 23:34	04:52 18:58	06:26 19:50	00:37 13:20
二十一日	日	つちのと　う	一白	小満（16:09）	一粒万倍日	2	大安	ひらく	昴	04:32 18:44	04:53 18:40	11:52 －	04:52 18:59	06:53 20:38	01:12 14:03
二十二日	月	かのえ　たつ	二黒		一粒万倍日	3	赤口	とづ	畢	04:31 18:44	05:21 19:18	00:07 12:27	04:51 18:59	07:14 21:27	01:45 14:47
二十三日	火	かのと　み	三碧		不成就日	4	先勝	たつ	觜	04:31 18:45	05:49 19:57	00:40 13:04	04:50 19:00	07:13 22:21	02:17 15:31
二十四日	水	みずのえ　うま	四緑	神戸湊川神社楠公祭（〜二十六日）		5	友引	のぞく	参	04:30 18:46	06:19 20:39	01:12 13:42	04:50 19:01	06:37 23:23	02:51 16:17
二十五日	木	みずのと　ひつじ	五黄	山形鶴岡天神祭		6	先負	みつ	井	04:29 18:47	06:51 21:27	01:48 14:24	04:49 19:01	06:27 －	03:37 17:03
二十六日	金	きのえ　さる	六白		十方暮れ（〜六月四日）	7	仏滅	たいら	鬼	04:29 18:47	07:29 22:23	02:32 15:13	04:49 19:02	01:08 －	17:51 －
二十七日	土	きのと　とり	七赤			8	大安	さだん	柳	04:28 18:48	08:28 23:22	03:42 16:13	04:48 19:03	02:56 －	18:46 －
二十八日	日	ひのえ　いぬ	八白	◐上弦		9	赤口	とる	星	04:28 18:49	10:24 －	05:51 17:26	04:48 19:04	03:31 13:52	11:25 19:55
二十九日	月	ひのと　い	九紫		三りんぼう	10	先勝	やぶる	張	04:28 18:49	00:18 12:26	07:19 18:38	04:47 19:04	03:49 15:29	11:05 20:59
三十日	火	つちのえ　ね	一白	消費者の日		11	友引	あやぶ	翼	04:27 18:50	01:04 13:51	08:04 19:39	04:47 19:05	03:55 16:18	11:04 21:44
三十一日	水	つちのと　うし	二黒	世界禁煙デー	不成就日	12	先負	なる	軫	04:27 18:51	01:43 14:53	08:39 20:31	04:47 19:05	04:03 16:58	11:03 22:23

2023
令和5年

六月(小)

水無月《みなづき》

星宿《せいしゅく》

(六月六日芒種の節より月命戊午
四緑木星の月となる。暗剣殺は東南の方位)

旧 四月小 五月大

日	曜	十干・十二支	九星	行事	旧暦	六輝	中段	二十八宿	東京 日出入	東京 満潮	東京 干潮	大阪 日出入	大阪 満潮	大阪 干潮
一日	木	かのえ とら	三碧	気象記念日、電波の日 写真の日、錦帯橋のう飼(～九月十日) 旧四月小	13	仏滅	おさん	角	04:26 18:51	02:17 15:45	09:11 21:17	04:46 19:06	04:22 17:37	11:17 23:01
二日	金	かのと う	四緑	広島とうかさん大祭(～四日) 横浜開港記念日、金沢百万石まつり(～四日) 一粒万倍日	14	大安	ひらく	亢	04:26 18:52	02:50 16:31	09:45 22:01	04:46 19:07	04:49 18:17	11:45 23:41
三日	土	みずのえ たつ	五黄	一粒万倍日	15	赤口	とづ	氐	04:26 18:53	03:24 17:16	10:21 22:43	04:46 19:07	05:21 19:00	12:21 －
四日	日	みずのと み	六白	歯と口の健康週間(～十日) ○満月 天一天上(～十九日)	16	先勝	たつ	房	04:25 18:53	03:59 18:02	10:59 23:25	04:45 19:08	05:57 19:45	00:21 13:02
五日	月	きのえ うま	七赤	環境の日 名古屋熱田まつり 天赦	17	友引	のぞく	心	04:25 18:54	04:34 18:48	11:41 －	04:45 19:08	06:34 20:33	01:03 13:47
六日	火	きのと ひつじ	八白	芒種(07:18)	18	先負	のぞく	尾	04:25 18:54	05:12 19:37	00:07 12:25	04:45 19:09	07:13 21:25	01:47 14:36
七日	水	ひのえ さる	九紫	札幌YOSAKOIソーラン祭り(～十一日)	19	仏滅	みつ	箕	04:25 18:55	05:52 20:28	00:50 13:12	04:45 19:09	07:54 22:21	02:35 15:27
八日	木	ひのと とり	一白	不成就日	20	大安	たいら	斗	04:25 18:55	06:36 21:21	01:37 14:01	04:45 19:10	08:42 23:25	03:29 16:20
九日	金	つちのえ いぬ	二黒		21	赤口	さだん	牛	04:24 18:56	07:28 22:13	02:29 14:53	04:45 19:10	09:43 －	04:36 17:15
十日	土	つちのと い	三碧	大津近江神宮漏刻祭、岩手チャグチャグ馬コ 時の記念日	22	先勝	とる	女	04:24 18:56	08:37 23:03	03:33 15:50	04:44 19:11	00:49 11:02	09:02 18:15
十一日	日	かのえ ね	四緑	入梅 ◑下弦	23	友引	やぶる	虚	04:24 18:57	10:12 23:49	04:56 16:54	04:44 19:11	02:10 12:42	09:40 19:22
十二日	月	かのと うし	五黄		24	先負	あやぶ	危	04:24 18:57	11:55 －	06:20 18:05	04:44 19:12	02:37 14:30	10:04 20:30
十三日	火	みずのえ とら	六白	三りんぼう	25	仏滅	なる	室	04:24 18:58	00:32 13:32	07:25 19:13	04:44 19:12	03:04 15:53	10:13 21:26
十四日	水	みずのと う	七赤	大阪住吉大社御田植神事 北海道神宮例祭(～十六日)	26	大安	おさん	壁	04:24 18:58	01:15 14:53	08:15 20:14	04:44 19:13	03:34 16:59	10:37 22:14

十五日	木	きのえ　たつ	八白	伊勢神宮月次祭（〜二十五日）		27	赤口	ひらく	奎	04:24 18:58	01:58 15:55	08:59 21:07	04:44 19:13	04:07 17:54	11:12 22:58
十六日	金	きのと　み	九紫		一粒万倍日 不成就日	28	先勝	とづ	婁	04:24 18:59	02:40 16:43	09:40 21:56	04:44 19:13	04:41 18:37	11:51 23:40
十七日	土	ひのえ　うま	一白	奈良率川神社三枝祭	一粒万倍日	29	友引	たつ	胃	04:24 18:59	03:20 17:23	10:20 22:40	04:44 19:14	05:17 19:16	12:32 −
十八日	日	ひのと　ひつじ	二黒	●新月 父の日、海外移住の日	旧五月大	朔	大安	のぞく	昴	04:24 18:59	03:58 18:00	10:59 23:20	04:45 19:14	05:51 19:54	00:20 13:13
十九日	月	つちのえ　さる	三碧			2	赤口	みつ	畢	04:25 19:00	04:34 18:34	11:37 23:57	04:45 19:14	06:25 20:32	00:59 13:54
二十日	火	つちのと　とり	四緑	世界難民の日 京都鞍馬寺竹伐り会式		3	先勝	たいら	觜	04:25 19:00	05:08 19:06	12:15 −	04:45 19:15	06:56 21:12	01:36 14:34
二十一日	水	かのえ　いぬ	五黄	夏至（23:58） 糸満ハーレー		4	友引	さだん	参	04:25 19:00	05:42 19:39	00:31 12:52	04:45 19:15	07:24 21:53	02:14 15:13
二十二日	木	かのと　い	六白	旧端午	不成就日	5	先負	とる	井	04:25 19:00	06:16 20:12	01:04 13:27	04:45 19:15	07:51 22:36	02:54 15:51
二十三日	金	みずのえ　ね	七赤	東京芝愛宕千日詣り（〜二十四日） オリンピックデー、沖縄慰霊の日	八専（〜七月四日）	6	仏滅	やぶる	鬼	04:25 19:01	06:52 20:47	01:39 14:03	04:46 19:15	07:33 23:23	03:42 16:28
二十四日	土	みずのと　うし	八白	新潟月潟まつり（〜二十五日）		7	大安	あやぶ	柳	04:26 19:01	07:34 21:23	02:17 14:39	04:46 19:15	06:23 −	04:48 17:05
二十五日	日	きのえ　とら	九紫		三りんぼう	8	赤口	なる	星	04:26 19:01	08:28 22:01	03:04 15:19	04:46 19:16	00:14 10:53	09:06 17:43
二十六日	月	きのと　う	一白	◐上弦、国連憲章調印記念日		9	先勝	おさん	張	04:26 19:01	09:43 22:40	04:09 16:07	04:46 19:16	01:00 12:26	09:34 18:27
二十七日	火	ひのえ　たつ	二黒			10	友引	ひらく	翼	04:27 19:01	11:14 23:22	05:36 17:10	04:47 19:16	01:31 14:38	09:58 19:23
二十八日	水	ひのと　み	三碧	貿易記念日	一粒万倍日	11	先負	とづ	軫	04:27 19:01	12:55 −	06:50 18:27	04:47 19:16	01:58 16:35	10:13 20:29
二十九日	木	つちのえ　うま	四緑		一粒万倍日	12	仏滅	たつ	角	04:27 19:01	00:08 14:30	07:43 19:38	04:47 19:16	02:29 17:36	10:24 21:33
三十日	金	つちのと　ひつじ	五黄	大はらえ 東京鳥越神社大祓茅の輪くぐり	不成就日	13	大安	のぞく	亢	04:28 19:01	00:58 15:39	08:29 20:39	04:48 19:16	03:07 18:06	10:51 22:31

2023
令和5年

七月（大）

文月《ふみづき》

張宿《ちょうしゅく》

（七月七日小暑の節より月命己未
三碧木星の月となる。暗剣殺は東の方位）

旧 五月大
六月小

日	曜	十干・十二支	九星	行事	旧暦	六輝	中段	二十八宿	東京 日出入	東京 満潮	東京 干潮	大阪 日出入	大阪 満潮	大阪 干潮
一日	土	かのえ さる	六白	鳥越神社水上祭形代流し 全国安全週間（〜七日） 旧五月大 庚申	14	赤口	みつ	氐	04:28 19:01	01:51 16:32	09:13 21:35	04:48 19:16	03:50 18:36	11:29 23:23
二日	日	かのと とり	七赤	半夏生	15	先勝	たいら	房	04:29 19:01	02:44 17:18	09:59 22:27	04:49 19:16	04:38 19:10	12:12 –
三日	月	みずのえ いぬ	八白	○満月	16	友引	さだん	心	04:29 19:01	03:35 18:02	10:47 23:16	04:49 19:16	05:29 19:47	00:10 12:56
四日	火	みずのと い	九紫	独立記念日（アメリカ）	17	先負	とる	尾	04:29 19:01	04:23 18:45	11:36 –	04:50 19:16	06:22 20:27	00:56 13:42
五日	水	きのえ ね	九紫	甲子 陰遁始め	18	仏滅	やぶる	箕	04:30 19:01	05:09 19:27	00:03 12:24	04:50 19:15	07:15 21:09	01:41 14:27
六日	木	きのと うし	八白	東京入谷朝顔市（〜八日）	19	大安	あやぶ	斗	04:30 19:01	05:56 20:07	00:47 13:10	04:51 19:15	08:08 21:53	02:27 15:13
七日	金	ひのえ とら	七赤	小暑（17：31）、秋田東湖八坂神社例大祭 七夕、奈良吉野蔵王堂蛙飛び	20	赤口	あやぶ	牛	04:31 19:00	06:45 20:44	01:32 13:53	04:51 19:15	09:00 22:39	03:17 15:59
八日	土	ひのと う	六白	不成就日	21	先勝	なる	女	04:32 19:00	07:39 21:19	02:17 14:34	04:52 19:15	09:56 23:27	04:14 16:45
九日	日	つちのえ たつ	五黄	浅草観音四万六千日・ほおずき市（〜十日）	22	友引	おさん	虚	04:32 19:00	08:41 21:52	03:08 15:14	04:52 19:15	10:58 –	05:33 17:32
十日	月	つちのと み	四緑	◑下弦 己巳	23	先負	ひらく	危	04:33 19:00	09:54 22:25	04:08 15:56	04:53 19:14	00:16 12:22	08:11 18:21
十一日	火	かのえ うま	三碧	大阪生国魂神社夏祭り（〜十二日） 会津伊佐須美神社御田植祭（〜十三日） 一粒万倍日、三りんぼう 大つち（〜十七日）、初伏	24	仏滅	とづ	室	04:33 18:59	11:22 23:02	05:21 16:49	04:53 19:14	01:03 16:54	09:04 19:19
十二日	水	かのと ひつじ	二黒		25	大安	たつ	壁	04:34 18:59	13:19 23:47	06:35 18:05	04:54 19:14	01:44 18:50	09:48 20:40
十三日	木	みずのえ さる	一白	ぼん迎え火 東京靖国神社みたままつり（〜十六日）	26	赤口	のぞく	奎	04:34 18:58	15:15 –	07:39 19:32	04:54 19:13	02:23 19:37	10:29 –
十四日	金	みずのと とり	九紫	熊野那智の火祭り、佐原の大祭夏祭り（〜十六日） 小倉祇園太鼓（〜十六日）、革命記念日（フランス） 一粒万倍日	27	先勝	みつ	婁	04:35 18:58	00:49 16:13	08:33 20:47	04:55 19:13	20:04 –	11:08 23:05

十五日	土	きのえ いぬ	八白	ぼん、博多祇園山笠追い山 勤労青少年の日、山形出羽三山花祭り	28	友引	たいら	胃	04:36 18:58	02:02 16:50	09:21 21:47	04:56 19:12	00:31 19:22	11:47 23:43
十六日	日	きのと い	七赤	ぼん送り火、やぶ入り えんま詣り 不成就日	29	先負	さだん	昴	04:36 18:57	03:04 17:21	10:06 22:35	04:56 19:12	01:54 04:51 19:16	03:23 12:25
十七日	月	ひのえ ね	六白	⊡海の日、神奈川茅ヶ崎寒川浜降祭、宮城塩竈みなと祭 京都八坂神社祇園祭り山鉾巡行（〜二十四日）	30	仏滅	とる	畢	04:37 18:57	03:51 17:50	10:48 23:14	04:57 19:12	05:43 19:41	00:18 13:02
十八日	火	ひのと うし	五黄	●新月 旧六月小	朔	赤口	やぶる	觜	04:38 18:56	04:30 18:17	11:27 23:48	04:58 19:11	06:29 20:12	00:52 13:38
十九日	水	つちのえ とら	四緑	小つち（〜二十五日）	2	先勝	あやぶ	参	04:38 18:56	05:05 18:43	12:03 –	04:58 19:11	07:09 20:43	01:26 14:13
二十日	木	つちのと う	三碧	青森恐山大祭（〜二十四日）、山口祇園祭鷺の舞 夏土用（07：26）、熊谷うちわ祭（〜二十二日）	3	友引	なる	井	04:39 18:55	05:38 19:09	00:19 12:37	04:59 19:10	07:47 21:16	02:01 14:46
二十一日	金	かのえ たつ	二黒	中伏	4	先負	おさん	鬼	04:40 18:54	06:12 19:35	00:49 13:07	05:00 19:09	08:25 21:48	02:37 15:17
二十二日	土	かのと み	一白	敦賀氣比総参祭 宇和島牛鬼まつり・和霊大祭（〜二十四日）	5	仏滅	ひらく	柳	04:41 18:54	06:47 20:01	01:19 13:36	05:00 19:09	09:04 22:20	03:18 15:47
二十三日	日	みずのえ うま	九紫	大暑（10：50） 一粒万倍日 三りんぼう、不成就日	6	大安	とづ	星	04:41 18:53	07:27 20:28	01:51 14:05	05:01 19:08	09:48 22:52	04:06 16:18
二十四日	月	みずのと ひつじ	八白	地蔵ぼん、大阪天満宮天神祭（〜二十五日） 新潟彌彦燈籠まつり（〜二十六日）	7	赤口	たつ	張	04:42 18:52	08:14 20:57	02:27 14:34	05:02 19:08	10:40 23:24	05:09 16:52
二十五日	火	きのえ さる	七赤	徳島天神まつり 十方暮れ（〜八月三日）	8	先勝	のぞく	翼	04:43 18:52	09:12 21:28	03:11 15:07	05:02 19:07	11:49 23:55	06:52 17:31
二十六日	水	きのと とり	六白	◐上弦 一粒万倍日	9	友引	みつ	軫	04:44 18:51	10:25 22:03	04:09 15:51	05:03 19:06	14:46 –	08:07 18:24
二十七日	木	ひのえ いぬ	五黄	真鶴貴船まつり（〜二十八日）	10	先負	たいら	角	04:44 18:50	12:07 22:46	05:29 17:07	05:04 19:05	00:27 17:20	08:52 19:36
二十八日	金	ひのと い	四緑	熊本阿蘇神社御田祭	11	仏滅	さだん	亢	04:45 18:50	14:33 23:44	06:48 18:52	05:05 19:05	01:01 18:03	09:42 21:07
二十九日	土	つちのえ ね	三碧	隅田川花火大会、ながさきみなとまつり（〜三十一日） 福島相馬野馬追（〜三十一日）	12	大安	とる	氐	04:46 18:49	15:49 –	07:54 20:19	05:05 19:04	01:42 18:29	10:33 22:34
三十日	日	つちのと うし	二黒	土用丑の日 大阪住吉祭り（〜八月一日）	13	赤口	やぶる	房	04:47 18:48	01:05 16:35	08:53 21:28	05:06 19:03	02:47 18:44	11:21 23:26
三十一日	月	かのえ とら	一白	箱根芦ノ湖湖水まつり、諏訪お舟祭り（〜八月一日） 不成就日 京都愛宕神社千日詣り（〜八月一日）、八戸三社大祭（〜八月四日）	14	先勝	あやぶ	心	04:47 18:47	02:27 17:14	09:49 22:24	05:07 19:02	04:18 19:03	12:05 –

2023
令和5年

八月（大）

葉月《はづき》

翼宿《よくしゅく》

（八月八日立秋の節より月命庚申二黒土星の月となる。暗剣殺は西南の方位）

旧 六月小 七月大

日	曜	十干・十二支	九星	行事	旧暦	六輝	中段	二十八宿	東京 日出入	東京 満潮	東京 干潮	大阪 日出入	大阪 満潮	大阪 干潮
一日	火	かのと　う	九紫	八朔、弘前ねぷたまつり（〜七日） 大宮氷川神社例祭、盛岡さんさ踊り（〜四日） 旧六月小	15	友引	なる	尾	04:48 18:46	03:31 17:50	10:42 23:12	05:07 19:01	05:31 19:31	00:08 12:47
二日	水	みずのえ　たつ	八白	○満月、青森ねぶた祭（〜七日）	16	先負	おさん	箕	04:49 18:45	04:24 18:25	11:31 23:54	05:08 19:01	06:28 20:03	00:48 13:28
三日	木	みずのと　み	七赤	秋田竿燈まつり（〜六日）、広島宮島厳島神社管絃祭 久留米まつり（〜五日） 天一天上（〜十八日）	17	仏滅	ひらく	斗	04:50 18:44	05:12 18:57	12:15 –	05:09 19:00	07:18 20:38	01:29 14:08
四日	金	きのえ　うま	六白	富山魚津たてもん祭り（〜五日） 一粒万倍日 三りんぼう、天赦	18	大安	とづ	牛	04:50 18:43	05:59 19:27	00:34 12:55	05:10 18:59	08:06 21:14	02:11 14:48
五日	土	きのと　ひつじ	五黄	桑名石取祭（〜六日） 山形花笠まつり（〜七日）	19	赤口	たつ	女	04:51 18:42	06:46 19:55	01:14 13:31	05:10 18:58	08:54 21:51	02:57 15:27
六日	日	ひのえ　さる	四緑	広島原爆の日 仙台七夕まつり（〜八日）	20	先勝	のぞく	虚	04:52 18:41	07:36 20:20	01:53 14:04	05:11 18:57	09:44 22:28	03:48 16:05
七日	月	ひのと　とり	三碧	鼻の日 下関忌宮神社数方庭祭（〜十三日） 一粒万倍日	21	友引	みつ	危	04:53 18:40	08:30 20:44	02:36 14:33	05:12 18:56	10:40 23:02	04:52 16:39
八日	火	つちのえ　いぬ	二黒	立秋（03:23）、御嶽山雲上大御神火祭 ◑下弦、館山観光まつり 不成就日	22	先負	みつ	室	04:53 18:39	09:31 21:09	03:24 15:00	05:13 18:55	12:03 23:28	06:36 16:56
九日	水	つちのと　い	一白	長崎原爆の日、清水寺千日詣り（〜十六日） 宝塚中山寺星下り大会式、高知よさこい祭り（〜十二日） 三りんぼう	23	仏滅	たいら	壁	04:54 18:38	10:52 21:37	04:26 15:27	05:13 18:54	21:00 –	08:07 –
十日	木	かのえ　ね	九紫	一粒万倍日 末伏	24	大安	さだん	奎	04:55 18:37	22:17 –	05:46 –	05:14 18:53	19:57 –	09:14 –
十一日	金	かのと　うし	八白	⊡山の日	25	赤口	とる	婁	04:56 18:36	15:55 23:40	07:07 19:18	05:15 18:52	19:52 –	10:10 –
十二日	土	みずのえ　とら	七赤	徳島阿波おどり（〜十五日）	26	先勝	やぶる	胃	04:57 18:35	16:20 –	08:14 21:02	05:16 18:51	20:02 –	10:55 –
十三日	日	みずのと　う	六白	月遅れぼん迎え火、岡山笠岡白石踊（〜十六日） 岐阜郡上おどり（〜十六日）	27	友引	あやぶ	昴	04:57 18:34	02:01 16:43	09:09 21:57	05:16 18:50	18:51 –	11:34 23:49
十四日	月	きのえ　たつ	五黄	奈良春日大社中元万燈籠（〜十五日）、平戸のジャンガラ（〜十八日） 新島若郷の大踊、大分姫島盆踊り（〜十六日）	28	先負	なる	畢	04:58 18:33	03:07 17:05	09:56 22:34	05:17 18:48	01:28 05:03 18:53	03:18 12:09

十五日	火	きのと　み	四緑	月遅れぼん、宮城松島流灯会(〜十六日) 終戦の日、周防祖生の柱松		29	仏滅	おさん	觜	04:59 18:32	03:51 17:27	10:37 23:05	05:18 18:47	05:48 19:15	00:11 12:43
十六日	水	ひのえ　うま	三碧	●新月、月遅れぼん送り火、箱根大文字焼、千葉広済寺鬼来迎 京都五山送り火、秋田西馬音内盆踊り(〜十八日)	旧七月大	朔	先勝	ひらく	参	05:00 18:30	04:26 17:49	11:13 23:33	05:19 18:46	06:27 19:41	00:38 13:14
十七日	木	ひのと　ひつじ	二黒	滋賀建部大社船幸祭	一粒万倍日	2	友引	とづ	井	05:01 18:29	04:59 18:10	11:45 –	05:19 18:45	07:03 20:07	01:08 13:44
十八日	金	つちのえ　さる	一白		不成就日 天赦	3	先負	たつ	鬼	05:01 18:28	05:31 18:30	00:00 12:15	05:20 18:44	07:37 20:33	01:39 14:11
十九日	土	つちのと　とり	九紫	鎌倉宮例大祭(〜二十一日) 秋田花輪ばやし(〜二十日)		4	仏滅	のぞく	柳	05:02 18:27	06:04 18:51	00:27 12:42	05:21 18:43	08:12 20:58	02:13 14:38
二十日	日	かのえ　いぬ	八白	新潟世阿弥供養祭		5	大安	みつ	星	05:03 18:26	06:38 19:13	00:54 13:07	05:22 18:41	08:49 21:25	02:49 15:05
二十一日	月	かのと　い	七赤		三りんぼう	6	赤口	たいら	張	05:04 18:24	07:16 19:35	01:22 13:33	05:22 18:40	09:31 21:52	03:30 15:35
二十二日	火	みずのえ　ね	六白	旧七夕	一粒万倍日 八専(〜九月二日)	7	先勝	さだん	翼	05:04 18:23	07:59 19:59	01:53 13:58	05:23 18:39	10:20 22:20	04:19 16:07
二十三日	水	みずのと　うし	五黄	処暑(18:01)		8	友引	とる	軫	05:05 18:22	08:50 20:26	02:28 14:25	05:24 18:38	11:24 22:46	05:18 16:45
二十四日	木	きのえ　とら	四緑	◐上弦、京都地蔵盆		9	先負	やぶる	角	05:06 18:20	09:57 20:56	03:14 14:55	05:25 18:37	16:08 23:01	06:25 17:38
二十五日	金	きのと　う	三碧	東京亀戸天神祭		10	仏滅	あやぶ	亢	05:07 18:19	11:54 21:36	04:25 15:50	05:25 18:35	17:18 21:15	07:37 19:13
二十六日	土	ひのえ　たつ	二黒	愛知三河一色大提灯まつり(〜二十七日) 富士吉田の火祭り(〜二十七日)	不成就日	11	大安	なる	氐	05:07 18:18	15:08 22:45	06:06 18:39	05:26 18:34	17:54 –	09:06 –
二十七日	日	ひのと　み	一白	神奈川大山阿夫利神社秋季例大祭(〜二十九日)		12	赤口	おさん	房	05:08 18:16	15:51 –	07:35 20:32	05:27 18:33	18:16 –	10:19 23:15
二十八日	月	つちのえ　うま	九紫			13	先勝	ひらく	心	05:09 18:15	00:59 16:23	08:45 21:35	05:27 18:31	01:20 18:22	11:08 23:26
二十九日	火	つちのと　ひつじ	八白		一粒万倍日	14	友引	とづ	尾	05:10 18:14	02:35 16:53	09:44 22:20	05:28 18:30	04:37 18:36	11:49 23:57
三十日	水	かのえ　さる	七赤	旧ぼん	庚申	15	先負	たつ	箕	05:11 18:12	03:35 17:22	10:34 22:59	05:29 18:29	05:35 19:00	12:27 –
三十一日	木	かのと　とり	六白	○満月		16	仏滅	のぞく	斗	05:11 18:11	04:25 17:50	11:18 23:36	05:30 18:27	06:24 19:29	00:32 13:05

2023
令和5年

九月(小)

長《なが》月《つき》

軫《しん》宿《しゅく》

(九月八日白露の節より月命辛酉
一白水星の月となる。暗剣殺は北の方位)

旧 七月大 八月大

日	曜	十干・十二支	九星	行事	旧暦	六輝	中段	二十八宿	東京 日出入	東京 満潮	東京 干潮	大阪 日出入	大阪 満潮	大阪 干潮
一日	金	みずのえ いぬ	五黄	二百十日、健康増進普及月間(〜三十日) 防災の日、おわら風の盆(〜三日)、鹿島神宮神幸祭(〜二日) 旧七月大	17	大安	みつ	牛	05:12 18:10	05:11 18:16	11:57 –	05:30 18:26	07:10 20:01	01:11 13:41
二日	土	みずのと い	四緑	敦賀まつり(〜五日) 三りんぼう	18	赤口	たいら	女	05:13 18:08	05:56 18:40	00:13 12:32	05:31 18:25	07:54 20:33	01:51 14:17
三日	日	きのえ ね	三碧	一粒万倍日 不成就日、甲子	19	先勝	さだん	虚	05:14 18:07	06:41 19:02	00:48 13:03	05:32 18:23	08:40 21:05	02:34 14:52
四日	月	きのと うし	二黒	富山射水加茂神社の稚児舞	20	友引	とる	危	05:14 18:05	07:27 19:23	01:25 13:31	05:33 18:22	09:28 21:34	03:22 15:23
五日	火	ひのえ とら	一白	石炭の日	21	先負	やぶる	室	05:15 18:04	08:16 19:43	02:03 13:55	05:33 18:21	10:23 21:54	04:18 15:44
六日	水	ひのと う	九紫		22	仏滅	あやぶ	壁	05:16 18:03	09:12 20:03	02:45 14:14	05:34 18:19	21:21 –	05:36 –
七日	木	つちのえ たつ	八白	◑下弦、角館のお祭り(〜九日)	23	大安	なる	奎	05:17 18:01	10:32 20:24	03:39 14:21	05:35 18:18	19:16 –	07:06 –
八日	金	つちのと み	七赤	白露(06:27) 沖縄全島エイサーまつり(〜十日) 己巳	24	赤口	なる	婁	05:17 18:00	20:48 –	05:00 –	05:35 18:16	19:05 –	08:27 –
九日	土	かのえ うま	六白	重陽、救急の日 京都上賀茂神社重陽神事 大つち(〜十五日)	25	先勝	おさん	胃	05:18 17:58	15:49 –	06:37 –	05:36 18:15	19:12 –	09:37 –
十日	日	かのと ひつじ	五黄	隠岐美田八幡宮の田楽 新潟柏崎女谷綾子舞	26	友引	ひらく	昴	05:19 17:57	15:58 –	07:56 21:27	05:37 18:14	19:12 –	10:29 –
十一日	月	みずのえ さる	四緑	二百二十日 東京芝大神宮だらだら祭り(〜二十一日) 不成就日 一粒万倍日	27	先負	とづ	畢	05:20 17:55	02:13 16:15	08:54 21:53	05:38 18:12	04:17 18:09	02:26 11:09 23:42
十二日	火	みずのと とり	三碧		28	仏滅	たつ	觜	05:20 17:54	03:06 16:33	09:39 22:19	05:38 18:11	01:10 05:01 18:20	02:26 11:44 23:56
十三日	水	きのえ いぬ	二黒	岩木山お山参詣(〜十五日)	29	大安	のぞく	参	05:21 17:52	03:44 16:51	10:17 22:44	05:39 18:09	05:38 18:41	12:15 –
十四日	木	きのと い	一白	鎌倉鶴岡八幡宮例大祭(〜十六日) 京都石清水八幡宮岩清水祭(〜十六日)	30	赤口	みつ	井	05:22 17:51	04:17 17:10	10:50 23:09	05:40 18:08	06:13 19:02	00:20 12:43

日	曜	干支	九星	行事・祭事	旧暦	六曜	中段	二十八宿						
十五日	金	ひのえ　ね	九紫	●新月、老人週間（～二十一日）　旧八月大	朔	友引	たいら	鬼	05:23 17:50	04:49 17:28	11:19 23:34	05:40 18:06	06:45 19:24	00:47 13:08
十六日	土	ひのと　うし	八白	岸和田だんじり祭り（～十七日）、山形谷地八幡宮の林家舞楽（～十八日）　不成就日	2	先負	さだん	柳	05:23 17:48	05:21 17:46	11:47 –	05:41 18:05	07:19 19:46	01:15 13:33
十七日	日	つちのえ　とら	七赤	小つち（～二十二日）　三りんぼう	3	仏滅	とる	星	05:24 17:47	05:54 18:06	00:00 12:13	05:42 18:04	07:53 20:09	01:47 13:59
十八日	月	つちのと　う	六白	⊡敬老の日　一粒万倍日	4	大安	やぶる	張	05:25 17:45	06:29 18:26	00:26 12:39	05:43 18:02	08:31 20:34	02:21 14:27
十九日	火	かのえ　たつ	五黄		5	赤口	あやぶ	翼	05:26 17:44	07:07 18:47	00:53 13:04	05:43 18:01	09:13 21:00	02:59 14:58
二十日	水	かのと　み	四緑	石川七尾お熊甲祭、彼岸入り、空の日、動物愛護週間（～二十六日）	6	先勝	なる	軫	05:26 17:42	07:49 19:09	01:22 13:29	05:44 17:59	10:03 21:23	03:42 15:32
二十一日	木	みずのえ　うま	三碧	秋の全国交通安全運動（～三十日）、太宰府天満宮大祭（～二十五日）	7	友引	おさん	角	05:27 17:41	08:40 19:33	01:55 13:55	05:45 17:58	11:11 21:29	04:35 16:09
二十二日	金	みずのと　ひつじ	二黒	会津まつり（～二十四日）	8	先負	ひらく	亢	05:28 17:39	09:52 20:00	02:39 14:23	05:45 17:56	20:00 –	05:39 –
二十三日	土	きのえ　さる	一白	⊡秋分の日（15:50）、旭川こたんまつり、◐上弦、千葉大原はだか祭り（～二十四日）　十方暮れ（～十月二日）　一粒万倍日	9	仏滅	とづ	氐	05:29 17:38	12:56 20:38	03:49 15:22	05:46 17:55	17:03 –	06:56 –
二十四日	日	きのと　とり	九紫	結核予防週間（～三十日）、宮崎五ヶ瀬の荒踊　不成就日	10	大安	たつ	房	05:29 17:36	14:55 22:24	05:44 19:27	05:47 17:54	17:33 –	08:38 –
二十五日	月	ひのえ　いぬ	八白	富山こきりこ祭り（～二十六日）	11	赤口	のぞく	心	05:30 17:35	15:25 –	07:26 20:47	05:48 17:52	17:45 –	09:57 23:32
二十六日	火	ひのと　い	七赤	彼岸明け	12	先勝	みつ	尾	05:31 17:33	01:25 15:51	08:36 21:27	05:48 17:51	03:34 17:44	10:45 23:13
二十七日	水	つちのえ　ね	六白	社日	13	友引	たいら	箕	05:32 17:32	02:42 16:17	09:30 22:03	05:49 17:49	04:38 17:58	11:24 23:39
二十八日	木	つちのと　うし	五黄		14	先負	さだん	斗	05:33 17:30	03:35 16:42	10:15 22:37	05:50 17:48	05:28 18:22	12:01 –
二十九日	金	かのえ　とら	四緑	○満月、十五夜　三りんぼう	15	仏滅	とる	牛	05:33 17:29	04:22 17:06	10:55 23:12	05:50 17:47	06:13 18:51	00:13 12:36
三十日	土	かのと　う	三碧	東京西多摩春日神社鳳凰の舞（～十月一日）　一粒万倍日	16	大安	やぶる	女	05:34 17:28	05:06 17:29	11:31 23:47	05:51 17:45	06:57 19:21	00:51 13:11

2023
令和5年

十月（大）

神《かん》無《な》月《づき》

角《かく》宿《しゅく》

（十月八日寒露の節より月命壬戌
九紫火星の月となる。暗剣殺は南の方位）

旧 八月大 九月小

日	曜	十干・十二支	九星	行事	旧暦	六輝	中段	二十八宿	東京 日出入	東京 満潮	東京 干潮	大阪 日出入	大阪 満潮	大阪 干潮
一日	日	みずのえ たつ	二黒	全国労働衛生週間（〜七日）、京都北野天満宮ずいき祭（〜五日） 共同募金運動（〜十二月三十一日）、法の日、国慶節 旧八月大	17	赤口	あやぶ	虚	05:35 17:26	05:50 17:51	12:03 －	05:52 17:44	07:41 19:51	01:30 13:45
二日	月	みずのと み	一白	天一天上（〜十七日） 不成就日	18	先勝	なる	危	05:36 17:25	06:33 18:12	00:21 12:33	05:53 17:42	08:26 20:19	02:13 14:17
三日	火	きのえ うま	九紫		19	友引	おさん	室	05:36 17:23	07:18 18:32	00:56 13:00	05:53 17:41	09:15 20:41	02:58 14:44
四日	水	きのと ひつじ	八白		20	先負	ひらく	壁	05:37 17:22	08:04 18:52	01:32 13:24	05:54 17:40	10:15 20:38	03:50 14:56
五日	木	ひのえ さる	七赤	一粒万倍日	21	仏滅	とづ	奎	05:38 17:20	08:58 19:12	02:12 13:45	05:55 17:38	18:42 －	04:53 －
六日	金	ひのと とり	六白	◑下弦、国際協力の日 国際文通週間（〜十二日）	22	大安	たつ	婁	05:39 17:19	10:18 19:30	03:01 14:02	05:56 17:37	18:20 －	06:07 －
七日	土	つちのえ いぬ	五黄	兵庫上鴨川住吉神社神事舞（〜八日）、大津祭（〜八日） 長崎くんち（〜九日）、福島二本松提灯祭り（〜九日）	23	赤口	のぞく	胃	05:40 17:18	19:33 －	04:15 －	05:57 17:35	18:09 －	07:27 －
八日	日	つちのと い	四緑	寒露（22:16）、南木曽花馬祭り	24	先勝	のぞく	昴	05:40 17:16	14:56 23:57	05:57 21:22	05:57 17:34	18:08 －	08:50 －
九日	月	かのえ ね	三碧	⊡スポーツの日、香川金刀比羅宮例大祭（〜十一日） 世界郵便デー、秋の高山祭（〜十日）	25	友引	みつ	畢	05:41 17:15	15:12 －	07:23 21:07	05:58 17:33	03:17 17:33	01:37 09:52
十日	火	かのと うし	二黒	目の愛護デー 神戸海神社秋祭り（〜十二日） 不成就日	26	先負	たいら	觜	05:42 17:13	01:59 15:30	08:23 21:27	05:59 17:31	04:09 17:29	01:30 10:37 23:38
十一日	水	みずのえ とら	一白	東京池上本門寺お会式（〜十三日）	27	仏滅	さだん	参	05:43 17:12	02:50 15:48	09:07 21:50	06:00 17:30	04:48 17:43	11:12 23:42
十二日	木	みずのと う	九紫	奈良矢柱神社題目立	28	大安	とる	井	05:44 17:11	03:28 16:05	09:44 22:14	06:00 17:29	05:22 18:00	11:41 －
十三日	金	きのえ たつ	八白	佐原の大祭秋祭り（〜十五日） 和歌山竈山神社例祭	29	赤口	やぶる	鬼	05:45 17:09	04:03 16:23	10:17 22:39	06:01 17:28	05:55 18:17	00:00 12:06
十四日	土	きのと み	七赤	鉄道の日、兵庫灘けんか祭り（〜十五日） 埼玉川越まつり（〜十五日）、岩手釜石祭り（〜十六日）	30	先勝	あやぶ	柳	05:46 17:08	04:37 16:41	10:48 23:05	06:02 17:26	06:27 18:37	00:24 12:30

十五日	日	ひのえ うま	六白	●新月、新聞週間(～二十一日)、天理石上神宮ふる祭り 善光寺秋のお会式、和歌山熊野速玉大社例大祭(～十六日)	旧九月小、一粒万倍日 不成就日、三りんぼう	朔	先負	なる	星	05:46 17:07	05:12 17:01	11:17 23:31	06:03 17:25	07:01 18:58	00:51 12:55
十六日	月	ひのと ひつじ	五黄	日光東照宮秋季大祭(～十七日) 愛媛新居浜太鼓祭り(～十八日)		2	仏滅	おさん	張	05:47 17:05	05:47 17:21	11:45 23:58	06:04 17:24	07:37 19:23	01:21 13:24
十七日	火	つちのえ さる	四緑	靖国神社秋季例大祭(～十九日) 貯蓄の日、伊勢神宮神嘗祭(十五日～)	天赦	3	大安	ひらく	翼	05:48 17:04	06:24 17:43	12:13 –	06:05 17:22	08:17 19:49	01:55 13:56
十八日	水	つちのと とり	三碧	統計の日 浅草観音菊供養	一粒万倍日	4	赤口	とづ	軫	05:49 17:03	07:03 18:06	00:27 12:42	06:05 17:21	09:02 20:13	02:33 14:30
十九日	木	かのえ いぬ	二黒	東京日本橋べったら市(～二十日) 京都建勲神社船岡大祭		5	先勝	たつ	角	05:50 17:02	07:49 18:30	00:59 13:11	06:06 17:20	09:57 20:29	03:17 15:07
二十日	金	かのと い	一白	えびす講、三重上野天神祭(～二十二日)		6	友引	のぞく	亢	05:51 17:00	08:46 18:56	01:36 13:43	06:07 17:19	11:17 19:28	04:09 15:51
二十一日	土	みずのえ ね	九紫	秋土用(00:58)	八専(～十一月一日)	7	先負	みつ	氐	05:52 16:59	10:12 19:27	02:25 14:27	06:08 17:18	15:37 –	05:13 –
二十二日	日	みずのと うし	八白	◐上弦、京都時代祭 京都鞍馬の火祭		8	仏滅	たいら	房	05:53 16:58	12:37 20:15	03:37 16:31	06:09 17:16	16:28 –	06:30 –
二十三日	月	きのえ とら	七赤	電信電話記念日	不成就日	9	大安	さだん	心	05:53 16:57	13:58 23:21	05:28 19:37	06:10 17:15	16:55 –	08:05 –
二十四日	火	きのと う	六白	霜降(01:21)、国連デー 平戸くんち(～二十七日)		10	赤口	とる	尾	05:54 16:56	14:35 –	07:06 20:26	06:11 17:14	01:59 16:56	00:21 09:24 23:21
二十五日	水	ひのえ たつ	五黄			11	先勝	やぶる	箕	05:55 16:54	01:30 15:04	08:13 21:02	06:11 17:13	03:34 16:56	10:14 22:54
二十六日	木	ひのと み	四緑	原子力の日		12	友引	あやぶ	斗	05:56 16:53	02:38 15:30	09:04 21:36	06:12 17:12	04:29 17:16	10:54 23:20
二十七日	金	つちのえ うま	三碧	文字・活字文化の日、読書週間(～十一月九日) 十三夜、出雲大土地神楽(～二十八日)	一粒万倍日 三りんぼう	13	先負	なる	牛	05:57 16:52	03:31 15:55	09:48 22:11	06:13 17:11	05:17 17:42	11:31 23:55
二十八日	土	つちのと ひつじ	二黒	速記記念日 宇都宮二荒神社菊水祭(～二十九日)		14	仏滅	おさん	女	05:58 16:51	04:18 16:19	10:27 22:46	06:14 17:10	06:02 18:12	12:06 –
二十九日	日	かのえ さる	一白	○満月	庚申	15	大安	ひらく	虚	05:59 16:50	05:03 16:43	11:03 23:21	06:15 17:09	06:47 18:42	00:33 12:41
三十日	月	かのと とり	九紫		一粒万倍日	16	赤口	とづ	危	06:00 16:49	05:47 17:07	11:36 23:56	06:16 17:08	07:33 19:11	01:13 13:15
三十一日	火	みずのえ いぬ	八白	ハロウィン	不成就日	17	先勝	たつ	室	06:01 16:48	06:29 17:31	12:07 –	06:17 17:07	08:20 19:36	01:56 13:47

2023
令和5年

十一月(小)

霜《しも》月《つき》

亢宿《こうしゅく》

(十一月八日立冬の節より月命癸亥
八白土星の月となる。暗剣殺は東北の方位)

旧 九月小 十月大

日	曜	十干・十二支	九星	行事	旧暦	六輝	中段	二十八宿	東京 日出入	東京 満潮	東京 干潮	大阪 日出入	大阪 満潮	大阪 干潮
一日	水	みずのと い	七赤	新米穀年度、計量記念日、灯台記念日、亥の子祭＝炉開き 教育文化週間(〜七日)、明治神宮秋の大祭(〜三日) 旧九月小	18	友引	のぞく	壁	06:02 16:47	07:12 17:55	00:31 12:37	06:18 17:06	09:12 19:49	02:41 14:15
二日	木	きのえ ね	六白	唐津くんち(〜四日) 甲子	19	先負	みつ	奎	06:03 16:46	07:56 18:19	01:07 13:06	06:19 17:05	10:15 18:44	03:29 14:32
三日	金	きのと うし	五黄	⊡文化の日、鹿児島弥五郎どん祭り 箱根の大名行列	20	仏滅	たいら	婁	06:04 16:45	08:46 18:43	01:46 13:37	06:20 17:04	18:16 –	04:23 –
四日	土	ひのえ とら	四緑		21	大安	さだん	胃	06:05 16:44	09:50 19:09	02:32 14:17	06:20 17:03	17:34 –	05:19 –
五日	日	ひのと う	三碧	◑下弦、京都松尾大社上卯祭 高知八代八幡宮の農村歌舞伎	22	赤口	とる	昴	06:06 16:43	11:25 19:38	03:32 15:54	06:21 17:02	16:52 –	06:22 –
六日	月	つちのえ たつ	二黒		23	先勝	やぶる	畢	06:07 16:42	13:04 22:58	04:55 19:51	06:22 17:01	16:38 –	07:42 –
七日	火	つちのと み	一白	秋田保呂羽山霜月神楽(〜八日) 己巳	24	友引	あやぶ	觜	06:08 16:41	13:53 –	06:22 20:22	06:23 17:00	02:53 16:36	00:50 08:59
八日	水	かのえ うま	九紫	立冬(01:36)、世界都市計画の日 京都伏見稲荷火焚き祭 不成就日 大つち(〜十四日)	25	先負	あやぶ	参	06:09 16:40	01:18 14:22	07:29 20:48	06:24 16:59	03:52 16:45	00:21 09:52 23:38
九日	木	かのと ひつじ	八白	秋の全国火災予防運動(〜十五日) 太陽暦採用記念日	26	仏滅	なる	井	06:10 16:39	02:22 14:46	08:20 21:14	06:25 16:58	04:33 16:56	10:29 23:30
十日	金	みずのえ さる	七赤	技能の日 静岡音無神社尻つみ祭り	27	大安	おさん	鬼	06:11 16:39	03:09 15:08	09:02 21:40	06:26 16:58	05:08 17:09	10:58 23:42
十一日	土	みずのと とり	六白	一の酉、福島須賀川松明あかし 世界平和記念日、愛知津島神社参候祭り 一粒万倍日	28	赤口	ひらく	柳	06:12 16:38	03:49 15:30	09:39 22:06	06:27 16:57	05:41 17:25	11:24 –
十二日	日	きのえ いぬ	五黄	京都嵐山もみじ祭、茨城岩井将門まつり 千葉誕生寺御会式 一粒万倍日	29	先勝	とづ	星	06:13 16:37	04:28 15:52	10:13 22:34	06:28 16:56	06:15 17:46	00:02 11:52
十三日	月	きのと い	四緑	●新月 旧十月大 三りんぼう	朔	仏滅	たつ	張	06:14 16:36	05:05 16:17	10:47 23:04	06:29 16:56	06:51 18:12	00:28 12:23
十四日	火	ひのえ ね	三碧		2	大安	のぞく	翼	06:15 16:36	05:44 16:42	11:20 23:35	06:30 16:55	07:30 18:41	01:01 12:57

十五日	水	ひのと うし	二黒	七五三 市川中山法華経寺御会式(〜十八日)	3	赤口	みつ	軫	06:16 16:35	06:24 17:10	11:53 −	06:31 16:54	08:13 19:10	01:37 13:34
十六日	木	つちのえ とら	一白	小つち(〜二十二日) 不成就日	4	先勝	たいら	角	06:17 16:34	07:08 17:39	00:10 12:28	06:32 16:54	09:03 19:38	02:19 14:14
十七日	金	つちのと う	九紫	奈良談山神社例大祭	5	友引	さだん	亢	06:18 16:34	07:57 18:10	00:48 13:05	06:33 16:53	10:02 19:51	03:06 14:59
十八日	土	かのえ たつ	八白	豊川稲荷秋季大祭(〜十九日)	6	先負	とる	氐	06:19 16:33	08:57 18:45	01:32 13:49	06:34 16:52	11:15 18:54	03:59 15:59
十九日	日	かのと み	七赤		7	仏滅	やぶる	房	06:19 16:32	10:11 19:32	02:24 14:51	06:35 16:52	14:29 −	04:58 −
二十日	月	みずのえ うま	六白	◐上弦	8	大安	あやぶ	心	06:20 16:32	11:32 21:00	03:30 16:41	06:36 16:51	15:31 −	06:03 −
二十一日	火	みずのと ひつじ	五黄	京都東本願寺報恩講(〜二十八日)	9	赤口	なる	尾	06:21 16:31	12:38 23:27	04:55 18:44	06:37 16:51	15:54 −	07:21 23:02
二十二日	水	きのえ さる	四緑	宮崎高千穂神社夜神楽祭(〜二十三日) 小雪(23:03)、熊本八代妙見祭(〜二十三日)、出雲大社神在祭(〜二十九日) 十方暮れ(〜十二月一日)	10	先勝	おさん	箕	06:22 16:31	13:25 −	06:23 19:46	06:38 16:50	01:58 15:49	08:38 22:46
二十三日	木	きのと とり	三碧	●勤労感謝の日、二の酉、感謝祭(アメリカ) 伊勢神宮新嘗祭(〜二十九日) 一粒万倍日	11	友引	ひらく	斗	06:23 16:31	01:17 14:02	07:33 20:29	06:39 16:50	03:23 16:04	09:35 22:39
二十四日	金	ひのえ いぬ	二黒	一粒万倍日 不成就日	12	先負	とづ	牛	06:24 16:30	02:31 14:34	08:28 21:08	06:40 16:50	04:22 16:31	10:20 23:06
二十五日	土	ひのと い	一白	三りんぼう	13	仏滅	たつ	女	06:25 16:30	03:30 15:05	09:16 21:45	06:40 16:49	05:14 17:01	11:01 23:42
二十六日	日	つちのえ ね	九紫		14	大安	のぞく	虚	06:26 16:29	04:20 15:35	09:58 22:22	06:41 16:49	06:02 17:33	11:40 −
二十七日	月	つちのと うし	八白	○満月、東京品川千躰荒神秋季大祭(〜二十八日)	15	赤口	みつ	危	06:27 16:29	05:06 16:05	10:38 22:59	06:42 16:49	06:50 18:05	00:22 12:18
二十八日	火	かのえ とら	七赤	税関記念日	16	先勝	たいら	室	06:28 16:29	05:48 16:35	11:15 23:36	06:43 16:48	07:37 18:36	01:04 12:54
二十九日	水	かのと う	六白		17	友引	さだん	壁	06:29 16:29	06:27 17:05	11:50 −	06:44 16:48	08:24 19:01	01:47 13:30
三十日	木	みずのえ たつ	五黄	岡山最上稲荷お火焚き大祭(〜十二月七日)	18	先負	とる	奎	06:30 16:28	07:06 17:35	00:13 12:24	06:45 16:48	09:11 19:10	02:30 14:06

2023
令和5年

十二月（大）

師走《しわす》

氐宿《ていしゅく》

（十二月七日大雪の節より月命甲子 七赤金星の月となる。暗剣殺は西の方位）

旧 十月大 十一月小

日	曜	十干・十二支	九星	行事	旧暦	六輝	中段	二十八宿	東京 日出入	東京 満潮	東京 干潮	大阪 日出入	大阪 満潮	大阪 干潮
一日	金	みずのと み	四緑	歳末助け合い運動（〜三十一日） 映画の日、世界エイズデー 天一天上（〜十六日） 旧十月大	19	仏滅	やぶる	婁	06:31 16:28	07:44 18:05	00:51 12:57	06:46 16:48	10:01 18:15	03:14 14:41
二日	土	きのえ うま	三碧	秩父夜祭（〜三日） 不成就日	20	大安	あやぶ	胃	06:32 16:28	08:24 18:37	01:28 13:33	06:47 16:48	10:56 18:16	03:57 15:25
三日	日	きのと ひつじ	二黒	障害者週間（〜九日） 島根美保神社諸手船神事	21	赤口	なる	昴	06:33 16:28	09:08 19:13	02:08 14:15	06:48 16:48	12:10 −	04:41 −
四日	月	ひのえ さる	一白	人権週間（〜十日）	22	先勝	おさん	畢	06:34 16:28	09:58 20:03	02:52 15:17	06:49 16:48	14:39 −	05:25 −
五日	火	ひのと とり	九紫	◑下弦、奥能登あえのこと 納めの水天宮 一粒万倍日	23	友引	ひらく	觜	06:35 16:28	10:53 21:45	03:45 17:16	06:49 16:48	15:12 −	06:12 −
六日	水	つちのえ いぬ	八白	一粒万倍日	24	先負	とづ	参	06:35 16:28	11:48 −	04:52 19:06	06:50 16:48	15:31 −	07:11 23:06
七日	木	つちのと い	七赤	大雪（18:33） 京都千本釈迦堂大根焚き（〜八日） 一粒万倍日	25	仏滅	とづ	井	06:36 16:28	00:01 12:37	06:08 19:54	06:51 16:48	03:36 15:39	08:24 23:10
八日	金	かのえ ね	六白	納め薬師 針供養、こと納め 一粒万倍日	26	大安	たつ	鬼	06:37 16:28	01:41 13:19	07:16 20:29	06:52 16:48	04:38 15:45	09:20 23:17
九日	土	かのと うし	五黄	京都了徳寺大根焚（〜十日）	27	赤口	のぞく	柳	06:38 16:28	02:49 13:56	08:11 21:01	06:53 16:48	05:23 15:59	10:03 23:25
十日	日	みずのえ とら	四緑	世界人権デー、納めの金毘羅 大宮武蔵一宮氷川神社大湯祭 三りんぼう 不成就日	28	先勝	みつ	星	06:39 16:28	03:40 14:31	08:58 21:33	06:53 16:48	05:55 16:24	10:42 23:44
十一日	月	みずのと う	三碧		29	友引	たいら	張	06:39 16:28	04:24 15:06	09:41 22:07	06:54 16:48	06:25 16:56	11:22 −
十二日	火	きのえ たつ	二黒	漢字の日	30	先負	さだん	翼	06:40 16:28	05:05 15:40	10:22 22:43	06:55 16:48	06:59 17:31	00:14 12:02
十三日	水	きのと み	一白	●新月、正月事始め、すす払い 旧十一月小	朔	大安	とる	軫	06:41 16:29	05:46 16:16	11:02 23:22	06:56 16:48	07:37 18:09	00:50 12:43
十四日	木	ひのえ うま	九紫	東京高輪泉岳寺義士祭	2	赤口	やぶる	角	06:42 16:29	06:27 16:52	11:42 −	06:56 16:49	08:19 18:50	01:31 13:25

十五日	金	ひのと ひつじ	八白	年賀郵便特別扱い開始、東京世田谷のボロ市(～十六日) 奈良春日若宮おん祭り(～十八日)、静岡秋葉の火祭り(～十六日)	3	先勝	あやぶ	亢	06:42 16:29	07:11 17:30	00:03 12:24	06:57 16:49	09:04 19:32	02:15 14:11
十六日	土	つちのえ さる	七赤	石川気多大社鵜祭	4	友引	なる	氐	06:43 16:29	07:57 18:11	00:47 13:07	06:58 16:49	09:53 20:19	03:01 15:00
十七日	日	つちのと とり	六白	東京浅草寺羽子板市(～十九日) 不成就日	5	先負	おさん	房	06:44 16:30	08:45 18:57	01:32 13:55	06:58 16:50	10:46 21:14	03:48 15:58
十八日	月	かのえ いぬ	五黄	納めの観音	6	仏滅	ひらく	心	06:44 16:30	09:35 19:55	02:19 14:51	06:59 16:50	11:45 19:01 22:21	04:38 17:15 20:26
十九日	火	かのと い	四緑	一粒万倍日	7	大安	とづ	尾	06:45 16:31	10:23 21:16	03:09 16:05	07:00 16:50	12:54 23:45	05:30 21:13
二十日	水	みずのえ ね	三碧	◐上弦 一粒万倍日 八専(～三十一日)	8	赤口	たつ	箕	06:45 16:31	11:10 23:02	04:06 17:38	07:00 16:51	13:51 –	06:28 21:48
二十一日	木	みずのと うし	二黒	納めの大師	9	先勝	のぞく	斗	06:46 16:31	11:56 –	05:16 18:57	07:01 16:51	01:37 14:30	07:37 22:10
二十二日	金	きのえ とら	一白	冬至(12:27)、ゆず湯 奈良葛城一言主神社一陽来復祭 三りんぼう	10	友引	みつ	牛	06:46 16:32	00:56 12:43	06:35 19:54	07:01 16:52	03:32 15:05	08:47 22:31
二十三日	土	きのと う	九紫		11	先負	たいら	女	06:47 16:32	02:35 13:31	07:46 20:41	07:02 16:52	06:47 15:41	09:48 23:03
二十四日	日	ひのえ たつ	八白	納めの地蔵 桑名伊勢大神楽	12	仏滅	さだん	虚	06:47 16:33	03:44 14:19	08:46 21:25	07:02 16:53	07:29 16:19	10:40 23:41
二十五日	月	ひのと み	七赤	クリスマス 京都北野天満宮終い天神 不成就日	13	大安	とる	危	06:48 16:34	04:34 15:04	09:38 22:06	07:03 16:53	07:23 16:58	11:27 –
二十六日	火	つちのえ うま	六白		14	赤口	やぶる	室	06:48 16:34	05:14 15:45	10:24 22:46	07:03 16:54	07:15 17:39	00:21 12:09
二十七日	水	つちのと ひつじ	五黄	○満月	15	先勝	あやぶ	壁	06:49 16:35	05:49 16:22	11:05 23:25	07:03 16:55	07:45 18:19	01:01 12:49
二十八日	木	かのえ さる	四緑	官庁御用納め 納めの不動 庚申	16	友引	なる	奎	06:49 16:35	06:21 16:57	11:42 –	07:04 16:55	08:19 18:58	01:40 13:27
二十九日	金	かのと とり	三碧		17	先負	おさん	婁	06:49 16:36	06:52 17:30	00:02 12:16	07:04 16:56	08:55 19:35	02:18 14:04
三十日	土	みずのえ いぬ	二黒		18	仏滅	ひらく	胃	06:50 16:37	07:22 18:03	00:38 12:48	07:04 16:57	09:33 20:09	02:55 14:42
三十一日	日	みずのと い	一白	大晦日、年越し、八坂神社白朮詣り 大はらえ、男鹿ナマハゲ、出羽三山松例祭 一粒万倍日	19	大安	とづ	昴	06:50 16:37	07:52 18:36	01:12 13:20	07:05 16:57	10:11 20:47	03:30 15:23

心に届く

手紙のあいさつ

時候のあいさつとは

普通私達が手紙を書く場合、大きく分けて〝実用〟と〝社交〟に区別できるものと考えられます。実用は移転の通知や招待状などで比較的面倒ではありませんが、社交には一定の形式というものがあります。まず冒頭に書くのが「拝啓」などで、そのあとに時候のあいさつとなります。時候のあいさつは、自分なりに季節感を織り込んでのびのびと書くことが大切です。決まり文句を並べすぎるのは味気ないものです。

時候のあいさつのさまざまな表現

※**一月（睦月・正月）**
初春・新春・厳寒のみぎり・寒の入り・大寒・寒気ことのほか厳しい日々ですが・降り積もる雪・スキー・スケート

※**二月（如月・梅見月）**
晩冬の候・寒明け・余寒の候・立春とは名ばかりで、朝夕はまだ寒さの厳しい季節でございますが・三寒四温

※**三月（弥生・花見月）**
早春の候・浅春のみぎり・急に春めいた今日この頃・一雨ごとの暖かさ・暑さ寒さも彼岸までと申しますが・雛祭り・春一番

※**四月（卯月・花残月）**
花冷え・花便り・うららか・春陽麗和の好季節・桜花爛漫の候・春たけなわ・楽しい新学期・春暖の候

※**五月（皐月・早苗月）**
薫風の候・晩春・立夏・緑したたる好季節・新緑の目にしみる昨今・春色ようやく衰え、吹く風も夏めいてまいりました

※**六月（水無月・風待月）**
梅雨・衣がえの季節・田植え・紫陽花・つばめ・梅雨冷えの折柄・初夏の候・素足の快い味わい・若鮎のさわやかな光り

※**七月（文月・七夜月）**
盛夏・梅雨明けの暑さ・土用の入り・天の川・七夕・爽快な夏・暑気日ごとに加わり・星祭り・いよいよ夏休み・避暑・夕風の涼味うれしい頃

※**八月（葉月・月見月）**
残暑の候・立秋・旧盆・秋立つ・朝顔・夏を惜しむ・秋立つとは申しながら、暑熱いまだ衰えをみせず・暑さもようやく峠を越え

※**九月（長月・菊月）**
二百十日・虫の音・秋晴れ・野分けの季節・朝夕日毎に凌ぎやすくなり・新涼の候・天高く馬肥ゆる好季節・日々、ひと雨ごとに秋も色こく相成り

※**十月（神無月・雷無月）**
秋冷・秋の味覚・月見・読書の秋・仲秋の候・昨今は日脚も短く相成り・菊薫る好季節・秋気身にしみる頃となりました

※**十一月（霜月・雪待月）**
晩秋・立冬・向寒・菊日和・渡り鳥・冬支度・七五三・逐日冷気加わる折柄・落陽の音にも秋の淋しさ身にしみて

※**十二月（師走・春待月）**
寒冷・酉の市・ゆず湯・冬至・初氷・木枯らし吹きすさぶ季節・歳末多端の折・本年も余すところ旬日に迫り

高島易断吉運本暦

九星別運勢と方位の吉凶

◎大吉　○吉　△凶　▲大凶

生まれ年別の九星の調べ方

本命星の出し方

生まれた年の九星を「本命星」といい、この星を主体にして方位や運勢を占います。各自の本命星を出すには、左の早見表を見てください。

まず自分の生まれ年を見て、右に行きますと、九星欄に九星が載っています。それがあなたの本命星となります。ただし、この場合に注意していただきたいことは、二月の節分以前の月・日に生まれた人は、その前の年に生まれた人と同じ本命星となることです。

暦上の新年は立春からです。たとえば平成五年一月三十日生まれの人の本命星は、平成五年の「七赤金星」ではなく、平成四年の「八白土星」になります。同様に干支も癸酉ではなく壬申になります。これは大切なことですから、間違えないようにしてください。

年齢の数え方

左表の年齢は満年齢になっていますので、今年の誕生日が来てこの年齢になります。また、この表の満年齢に一歳を加えれば数え年になります。

年齢から本命星を探す場合も、二月節分までに生まれた人は、その前年に生まれた人の年齢の欄を見るよう、注意してください。

年齢	干支	生年 邦暦	生年 西暦	九星
29歳	甲戌	平成6年	1994年	六白金星
28	乙亥	7	1995	五黄土星
27	丙子	8	1996	四緑木星
26	丁丑	9	1997	三碧木星
25	戊寅	10	1998	二黒土星
24	己卯	11	1999	一白水星
23	庚辰	12	2000	九紫火星
22	辛巳	13	2001	八白土星
21	壬午	14	2002	七赤金星
20	癸未	15	2003	六白金星
19	甲申	16	2004	五黄土星
18	乙酉	17	2005	四緑木星
17	丙戌	18	2006	三碧木星
16	丁亥	19	2007	二黒土星
15	戊子	20	2008	一白水星
14	己丑	21	2009	九紫火星
13	庚寅	22	2010	八白土星
12	辛卯	23	2011	七赤金星
11	壬辰	24	2012	六白金星
10	癸巳	25	2013	五黄土星
9	甲午	26	2014	四緑木星
8	乙未	27	2015	三碧木星
7	丙申	28	2016	二黒土星
6	丁酉	29	2017	一白水星
5	戊戌	30	2018	九紫火星
4	己亥	平成31 令和元	2019	八白土星
3	庚子	2	2020	七赤金星
2	辛丑	3	2021	六白金星
1	壬寅	4	2022	五黄土星
0	癸卯	5	2023	四緑木星

＊甲（きのえ）、乙（きのと）、丙（ひのえ）、丁（ひのと）、戊（つちのえ）、己（つちのと）、庚（かのえ）、辛（かのと）、壬（みずのえ）、癸（みずのと）、子（ね）、丑（うし）、寅（とら）、卯（う）、辰（たつ）、巳（み）、午（うま）、未（ひつじ）、申（さる）、酉（とり）、戌（いぬ）、亥（い）

令和５年（干支／九星）年齢早見表

年齢	干支	生年 邦暦	生年 西暦	九星
97歳	丙寅	大正15年 昭和元	1926年	二黒土星
96	丁卯	2	1927	一白水星
95	戊辰	3	1928	九紫火星
94	己巳	4	1929	八白土星
93	庚午	5	1930	七赤金星
92	辛未	6	1931	六白金星
91	壬申	7	1932	五黄土星
90	癸酉	8	1933	四緑木星
89	甲戌	9	1934	三碧木星
88	乙亥	10	1935	二黒土星
87	丙子	11	1936	一白水星
86	丁丑	12	1937	九紫火星
85	戊寅	13	1938	八白土星
84	己卯	14	1939	七赤金星
83	庚辰	15	1940	六白金星
82	辛巳	16	1941	五黄土星
81	壬午	17	1942	四緑木星
80	癸未	18	1943	三碧木星
79	甲申	19	1944	二黒土星
78	乙酉	20	1945	一白水星
77	丙戌	21	1946	九紫火星
76	丁亥	22	1947	八白土星
75	戊子	23	1948	七赤金星
74	己丑	24	1949	六白金星
73	庚寅	25	1950	五黄土星
72	辛卯	26	1951	四緑木星
71	壬辰	27	1952	三碧木星
70	癸巳	28	1953	二黒土星
69	甲午	29	1954	一白水星
68	乙未	30	1955	九紫火星
67	丙申	31	1956	八白土星
66	丁酉	32	1957	七赤金星
65	戊戌	33	1958	六白金星
64	己亥	34	1959	五黄土星

年齢	干支	生年 邦暦	生年 西暦	九星
63歳	庚子	昭和35年	1960年	四緑木星
62	辛丑	36	1961	三碧木星
61	壬寅	37	1962	二黒土星
60	癸卯	38	1963	一白水星
59	甲辰	39	1964	九紫火星
58	乙巳	40	1965	八白土星
57	丙午	41	1966	七赤金星
56	丁未	42	1967	六白金星
55	戊申	43	1968	五黄土星
54	己酉	44	1969	四緑木星
53	庚戌	45	1970	三碧木星
52	辛亥	46	1971	二黒土星
51	壬子	47	1972	一白水星
50	癸丑	48	1973	九紫火星
49	甲寅	49	1974	八白土星
48	乙卯	50	1975	七赤金星
47	丙辰	51	1976	六白金星
46	丁巳	52	1977	五黄土星
45	戊午	53	1978	四緑木星
44	己未	54	1979	三碧木星
43	庚申	55	1980	二黒土星
42	辛酉	56	1981	一白水星
41	壬戌	57	1982	九紫火星
40	癸亥	58	1983	八白土星
39	甲子	59	1984	七赤金星
38	乙丑	60	1985	六白金星
37	丙寅	61	1986	五黄土星
36	丁卯	62	1987	四緑木星
35	戊辰	63	1988	三碧木星
34	己巳	昭和64 平成元	1989	二黒土星
33	庚午	2	1990	一白水星
32	辛未	3	1991	九紫火星
31	壬申	4	1992	八白土星
30	癸酉	5	1993	七赤金星

生まれ年（九星）による性格と運勢

人は生まれ年によりその人特有の運命を持ちます。その性質や運勢を表したものが九星です。

「吉凶悔吝《かいりん》は動より生じる。」という易の言葉があります。人は動くことにより吉運、凶運が生まれます。九星気学は良い時に良い方向に動いて吉運をつかみ、悪い運を未然に防ぐことができます。

生まれた時に受けたあなたの生気と相性の良い気の流れに乗ると吉運を得ることができます。反対に、相性の悪い気の流れに乗ってしまうと凶運を呼び込んでしまいます。このページは吉運気をつかむヒントになる九星の性格と運勢を記したものです。

ここに記されている九星とは天体の星ではありません。五行《ごぎょう》に配された木、火、土、金、水の気を受けた場所や象意《しょうい》の意味で用いられています。

また各九星の色は時間の経過を表しています。さらに、色の一部はその時間帯の表情や状況を示しています。

あなたの本命星は、表紙の裏ページの年齢早見表や56～57ページをご参照ください。

各星の基本性質

一白水星

基本・水
天候・雨
色合・ブルー
人物・中年男性
味覚・塩辛い
象意・交わり
職業・商売人
人体・腎臓

二黒土星

基本・大地
天候・穏かな日
色合・黒
人物・お母さん
味覚・甘い
象意・従順
職業・副の人
人体・腹部

三碧木星

基本・雷と音
天候・地震と雷
色合・碧
人物・成熟男性
味覚・酸っぱい
象意・伝達
職業・音の仕事
人体・肝臓

四緑木星

基本・木
天候・四季の風
色合・グリーン
人物・長女
味覚・酸っぱい
象意・人物往来
職業・運送外交
人体・腸　神経

五黄土星

基本・土　湿気
天候・四季土用
色合・黄色
人物・長老
味覚・甘い
象意・古い
職業・古物商
人体・大腸

六白金星

基本・金
天候・晴天
色合・白
人物・父　社長
味覚・辛い
象意・動く
職業・宝石商
人体・頭　血圧

七赤金星

基本・沢
天候・荒れ模様
色合・赤
人物・少女
味覚・辛い甘い
象意・笑う
職業・飲食店
人体・気管口中

八白土星

基本・山
天候・曇天急変
色合・白
人物・相続人
味覚・甘い
象意・変わり目
職業・不動産
人体・関節　腰

九紫火星

基本・火
天候・暑気南風
色合・紫
人物・学者
味覚・苦い
象意・発覚発見
職業・役所
人体・頭脳　目

一白水星

易の坎《かん》の卦《か》で「水」を表します。水は大地を潤して命を育て、高い所から低い所へと流れていく性質です。一白水星の人は従順で状況によって形を変える適応性を持っていますが、氾濫する大河のような激しさも併せ持っています。地下を流れる水脈のように秘密事を隠すのが上手です。交わりや繋ぐといった意味があり、商売人や外交員、仲介者に向いている星でもあります。水分、アルコールの象意もあるので、人体では血液や腎臓を表すこともあります。

二黒土星

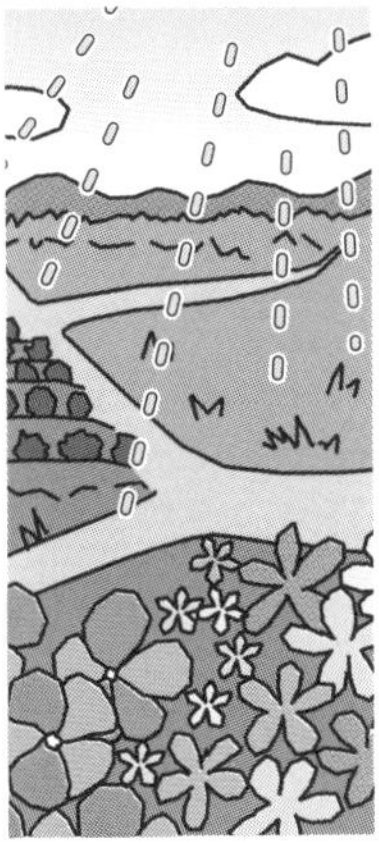

易の坤《こん》の卦《か》で「大地」を表します。母なる大地は全てを受け入れて育てます。二黒土星の人は優しさと慈しみを持ち、勤勉で真面目ですが優柔不断なところがあります。人物では妻や母を表し、世話を焼くのが好きで、跡継ぎを育成することが上手い人です。トップで動くよりもナンバー2の位置のほうが活躍できる傾向があり、コツコツと努力を積み上げることができる人が多い星です。人体では胃や消化器を指し、ストレスによる胃潰瘍などの象意もあります。

三碧木星

易の震《しん》の卦《か》で「雷」を表します。稲妻は目も眩むような閃光と激しい雷鳴で空気を振動させます。三碧木星の人は若々しく、行動的で活発な性質を持っています。アイディアや発想力に秀で、責任感が強い人が多い星でもあります。雷は正体がないもので、雷鳴は騒がしくも後には何も残らないように、大言壮語する傾向も持っています。人体においては肝臓や舌などに関連があり、肝炎や神経痛などの象意もあります。楽器や音が鳴るものに縁があります。

四緑木星

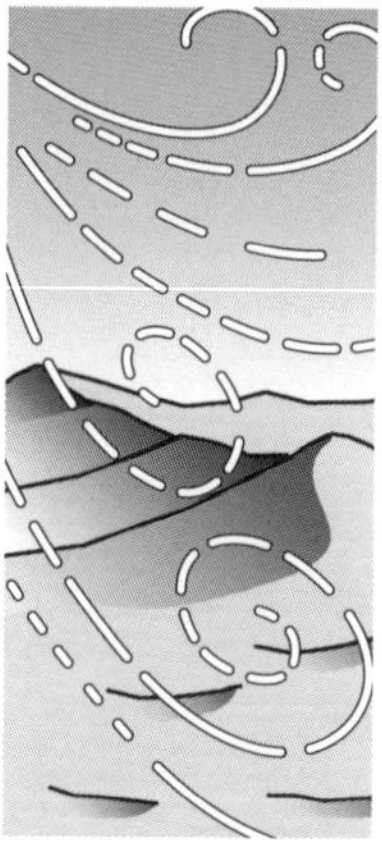

易の巽《そん》の卦《か》で「風」を表します。風は物に従い、小さな隙間でも入り込む性質があります。そのため従順で自由を好み、柔軟な思考を持っています。人の行き交いや出入りといった意味があり、人同士の縁に関わる要素があります。四緑木星の人は世渡り上手で、マイペースな性格で穏やかな人が多いのですが、気まぐれで束縛を嫌い優柔不断な部分があります。人体では気管や呼吸器系、また長い形状の物の象意から腸などを表しています。

五黄土星

易では太極《たいきょく》を指します。他の星とは違い、五黄土星は卦《か》には含まれません。八卦は太極から生じており、根源的な存在にあたります。事象の始まりであり終点でもあるのです。他の八つの星の中央に位置して統べる存在であるため、五黄土星の人は精神的に強靭で頼れる存在といえます。人で表すなら帝王や権力者で、我儘で自信過剰な性質があります。全てのものは土に還ることから腐敗の意味もあります。人体においては五臓六腑や心臓の意味を持ちます。

六白金星

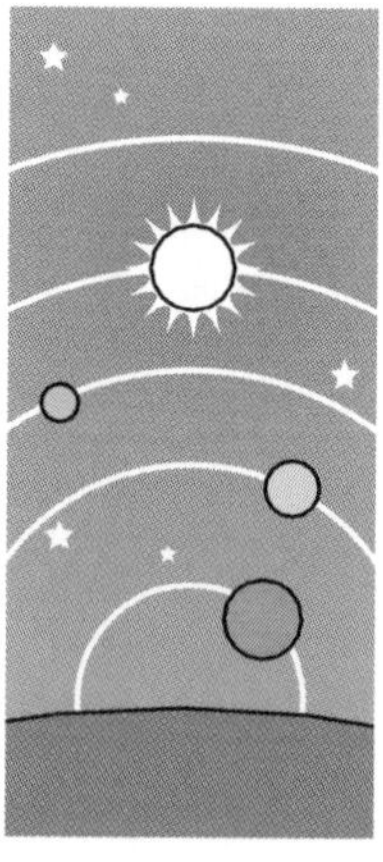

易の乾《けん》の卦《か》で「天」を表します。天は休みなく回り続けて循環するものです。星の運行が停止することはありません。この状態は健全であり完成されたものです。天を意味する六白金星の人は国でいえば君主、一家では家長にあたります。健全に動いてこそ国や家が成り立つ中心人物です。自尊心が高くやや自意識過剰な傾向がありますが、正義感が強く真面目で努力家の人が多い星です。人体では思考の中心である頭や血液を循環させる心臓を表します。

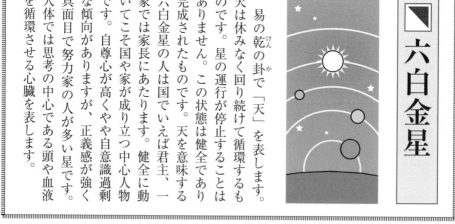

七赤金星

易の兌《だ》の卦《か》で「沢」を表します。沢は湿地帯や渓谷であり、水をたたえている場所です。人に利益をもたらすことを「恩沢《おんたく》」というように、水辺では休息と恩恵が受けられます。遊楽や遊行の意味があり、七赤金星の人は遊びやお喋り好きな傾向があります。少女や芸妓を表し、社交的で人あたりが良く派手好き、浪費家でもあります。人体では口や舌などを表します。遊びに長けていますが満足することは少なく、何かしら不満を持っていることが多いです。

八白土星

易の艮《ごん》の卦《か》で「山」を表します。山は不動のものです。また土が積み重なった様や連峰のように連なったことから積む、重なるといった意味を持ちます。艮は夜から朝に移る丑寅の時間を指してもいるため、変化や繋ぎ目といった意味も持っています。八白土星の人は正直で真面目な性格です。堅実で忍耐強く仕事を遂行します。不動の山であることから決断が遅くて臨機応変さに欠ける部分もあります。繋ぐ象意から人体では関節や骨などを指します。

九紫火星

易の離《り》の卦《か》で「火」を表します。輝く太陽でもあり、眩しく輝く存在です。火の明かりに照らされることは美しさを意味し、光で詳細が明らかになることから知性や頭脳も指します。九紫火星の人は人目を惹く華やかさや明晰な頭脳を持つ人が多いです。名誉にこだわり見栄っ張りです。競争心も強いです。目標や競争相手を失うと急激に情熱を失う燃え尽きタイプが多い傾向もあります。人体においては目や頭部、神経などを表します。

一白水星《いっぱくすいせい》

発芽期

方位吉凶図

吉方

本年は相生する六白金星が回座する西方位の内庚方位、辛方位が吉方となります。月別の吉方は毎月の運勢欄をご覧ください。

凶方

本年は五黄土星が回座する西北方位が五黄殺、反対の三碧木星が回座する東南方位が暗剣殺の大凶方位になります。一白水星が回座する西南位が本命殺、七赤金星が回座する東北方位が本命的殺の大凶方位になります。本年の十二支である卯の反対側、酉の方位が歳破で大凶方位です。月別の凶方は毎月の運勢欄をご覧ください。

今年の運勢の変化と指針

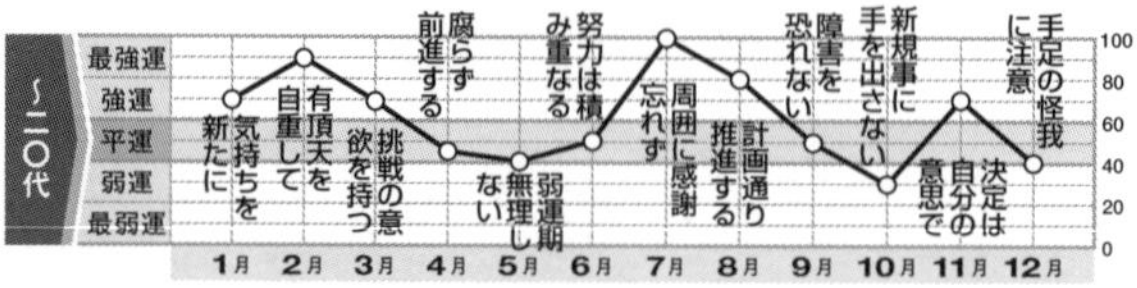

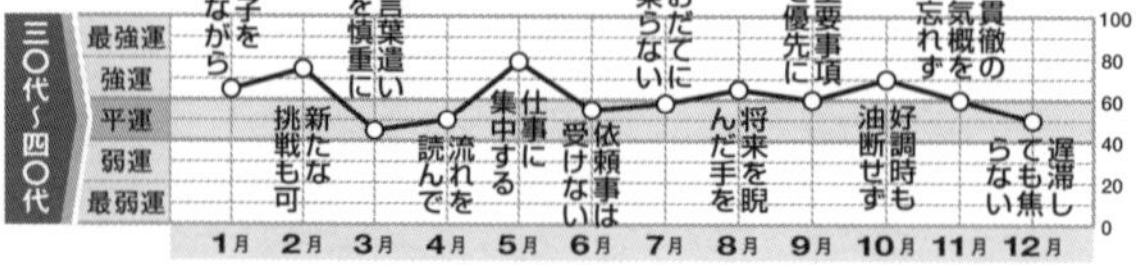

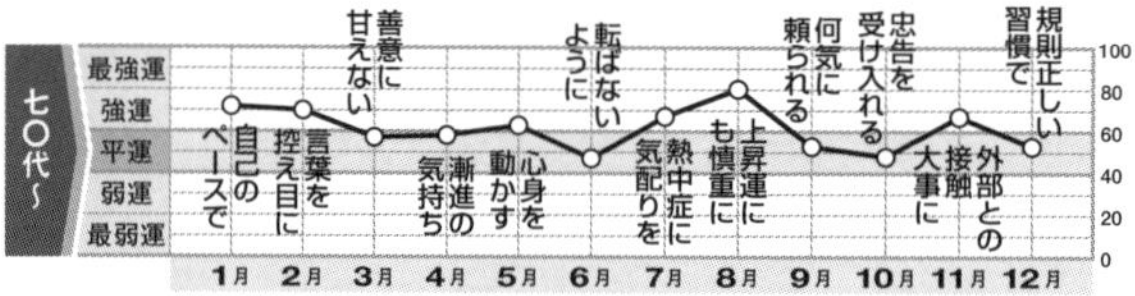

●本年は発芽期といって、次に来たる生長期への準備段階の時です。一生懸命に努力をしているのに形が現れないと意欲を失いがちになりますが、研鑽を諦めないことです。努力は蓄積されます。今年のあなたはさらに真面目に努力しようとする意欲に燃えるでしょう。今年は勤勉宮《きゅう》といわれる星回りの宮に巡ってきています。去年の忍耐を強いられた重苦しい雰囲気からは脱出気運が高まります。

●しかし油断は禁物です。なぜならば本年のあなたは後厄の年でもあるのです。不満やストレスを溜め込まないよう気分転換法を自分なりに考え、発散させましょう。焦りの気持ちから一打逆転の発想などはしないほうが吉です。あくまでも順を追い、手堅く推進させることを目指すのが最善策です。

●不動産に関する出来事が持ち上がるかも知れません。前厄年を気にすることはありません。注意深く取り扱えば、良い方向に動いていきます。

適職　法律家、医師、印刷業、飲食業、書店、文筆業、政治家、漁業水産加工、酒類製造販売業、観光旅行業、クリーニング業、ガソリンスタンド、モデル、タレント、コンパニオン等

年齢別１年間の運勢指針

6歳	平成29年 丁酉	入学の時期を迎えるとワクワクする楽しみと同時に初めての経験に対する不安も芽生えてくるでしょう。
15歳	平成20年 戊子	まだ自分の進路を決めかねている場合が多いでしょう。あるがままの自分を自覚することです。
24歳	平成11年 己卯	自己中心の考え方にならぬよう周囲への気配りを忘れないこと。アドバイスしてくれる友は心の友です。
33歳	平成2年 庚午	一時的に停滞することがあるかも知れません。恐れずに前進を続けましょう。
42歳	昭和56年 辛酉	地道に自分の方針を貫いていくのが吉運です。雑な仕事をすると信頼を裏切ることになります。
51歳	昭和47年 壬子	結果が見えないジレンマを感じる時かも知れません。本年の努力は数年後には花開く源泉になるはずです。
60歳	昭和38年 癸卯	輪の中心に立たされます。自分の実力と状況を判断して肩肘張らず平常心で臨みましょう。
69歳	昭和29年 甲午	融合を心掛け、人との摩擦を避けましょう。今までの人生経験を生かしましょう。
78歳	昭和20年 乙酉	謙虚な姿勢を保ち、培ってきた知的財産を後輩に伝えるようにしましょう。
87歳	昭和11年 丙子	強硬に我を通そうとすると周囲が引いてしまいます。信用は言葉でなく実行から得ることができるものです。
96歳	昭和2年 丁卯	あなたを見守っている人が必ずいます。生きてきた証をしっかりと後輩に伝える努力をしてみましょう。
105歳	大正7年 戊午	他者から学ぶことはたくさんあったことでしょう。今度はあなたが見本となって示してあげましょう。

●今年の健康運

今年の健康運は後厄年と重なります。持病のある人は再発をさせない配慮が必要です。今年再発させるとさらに長引く傾向にある星回りです。特に胃腸に持病がある人は悪化させないように早目早目の治療が有効です。身体が動かせるのなら、なるべく動かしましょう。外出先での怪我に注意をしましょう。女性は婦人科の疾患に気配りをしましょう。

●今年の金銭運

本年の金運は勤勉な仕事から生まれます。不労所得に期待すると案外期待外れに終わります。地味に貯蓄に集中するのが吉策です。本年は投資やギャンブルにはツキがありません。手を出さないほうが無難です。節約とケチは別物です。出すべきお金を出さないのはかえって金運を下げます。義理人情を欠いての金運などは大した金運ではありません。

●今年の恋愛運

今年の恋愛運は再婚者に最適な星回りといえます。この人はと思ったら積極的に推し進めてみましょう。堅実に二人の愛情を育てていくのが吉策です。新しい恋愛はなかなか生まれにくく、付き合いが恋愛に変わることが少ないです。またお見合いも長引いて、まとまりにくいです。全体的に年齢の高い人同士の結婚・恋愛が生まれやすい星回りです。

一月 運勢

一月六日小寒の節より
月命癸丑　九紫火星の月
暗剣殺　南の方位

今月は気力充実する月です。一年の計は元旦にありという言葉があります。計画をしっかり立ててあれば、充実した時間を過ごすことができます。積極的に行動するのが良いのですが、計画を踏み外さず、やり過ぎの勇み足に注意をしましょう。上司の言うことを素直に聞いて従うのが良いです。

●一月の方位

今月の吉方位	大吉→東、申、坤 吉→東北
1月の幸運数	1、4、9
幸運色	ホワイト

●吉日と注意日

1 日	2 月	3 火	4 水	5 木	6 金	7 土	8 日	9 月	10 火	11 水	12 木	13 金	14 土	15 日	16 月
▲	△	△	◎	○	○	◎	△	△	▲	○	△	○	◎	○	◎
17 火	18 水	19 木	20 金	21 土	22 日	23 月	24 火	25 水	26 木	27 金	28 土	29 日	30 月	31 火	
△	△	▲	○	△	○	◎	○	◎	△	△	▲	○	△	○	

二月 運勢

二月四日立春の節より
月命甲寅　八白土星の月
暗剣殺　東北の方位

お正月気分がぶり返すような喜楽の多い月。仕事に対する強い気持ちを忘れずに行動しましょう。仕事と私的な時間を厳格に分けましょう。気を緩めずに一意専心の気持ちで努力すれば、良い結果を得ることができます。甘い儲け話に引っかからないように用心しましょう。儲け話は必ず裏の確認を忘れないことです。

●二月の方位

今月の吉方位	吉→北、南
2月の幸運数	1、5、6
幸運色	シルバーグレー

●吉日と注意日

1 水	2 木	3 金	4 土	5 日	6 月	7 火	8 水	9 木	10 金	11 土	12 日	13 月	14 火	15 水	16 木
◎	○	◎	△	△	▲	○	△	○	◎	○	◎	△	△	▲	○
17 金	18 土	19 日	20 月	21 火	22 水	23 木	24 金	25 土	26 日	27 月	28 火				
△	○	◎	○	◎	△	△	▲	○	△	○	◎				

三月 運勢

三月六日啓蟄の節より
月命乙卯　七赤金星の月
暗剣殺　西の方位

何かと骨が折れる月です。思うように計画が進捗しないイライラを感じます。面前の事柄に進捗が見られないのが原因であることが多いものです。落ち着いて、直面している問題に腰を据えて向き合いましょう。思慮分別を欠いた軽薄な行動はとらないよう警戒しましょう。時間が解決してくれることもあります。

●三月の方位

今月の吉方位	吉→北
3月の幸運数	2、4、9
幸運色	ワインレッド

●吉日と注意日

1 水	2 木	3 金	4 土	5 日	6 月	7 火	8 水	9 木	10 金	11 土	12 日	13 月	14 火	15 水	16 木
○	◎	△	△	▲	○	△	○	◎	○	◎	△	△	▲	○	△
17 金	18 土	19 日	20 月	21 火	22 水	23 木	24 金	25 土	26 日	27 月	28 火	29 水	30 木	31 金	
○	◎	○	◎	△	△	▲	○	△	○	◎	○	◎	△	△	

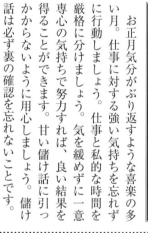

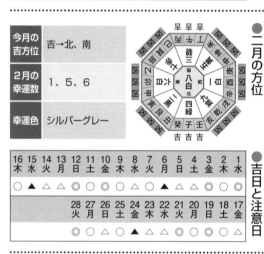

四月　運勢

四月五日清明の節より
月命丙辰　六白金星の月
暗剣殺　西北の方位

明るさが増す月ですが、後半は最衰運月が控えています。やる気が強く運気も明るい前半に重要案件を片付けてしまいましょう。年初に立てた目標に向かって着実に前進していくのが最善策です。また問題が起きた時は素早い対応が、損失も少なく解決も早くなります。人の和を大切にしましょう。

●四月の方位

今月の吉方位	吉→東、西南
4月の幸運数	5、7、0
幸運色	グレー

●吉日と注意日

1土	2日	3月	4火	5水	6木	7金	8土	9日	10月	11火	12水	13木	14金	15土	16日
▲	○	△	○	◎	○	◎	△	△	▲	○	△	○	◎	○	◎
17月	**18火**	**19水**	**20木**	**21金**	**22土**	**23日**	**24月**	**25火**	**26水**	**27木**	**28金**	**29土**	**30日**		
△	△	▲	○	△	○	◎	○	◎	△	△	▲	○	△		

五月　運勢

五月六日立夏の節より
月命丁巳　五黄土星の月
暗剣殺　なし

急激な変化がある月です。苦しいことが重なり、思うようにいかない月です。誠実に研鑽していれば何とか良い方向にいきます。最弱運気の時です。無理に前進しようとせず、持ち前の粘り強さを発揮して根気よく事柄に対処をしましょう。自分の能力を高める努力をすると将来の役に立ちます。

●五月の方位

今月の吉方位	大吉→庚、辛 吉→東
5月の幸運数	2、3、6
幸運色	パープル

●吉日と注意日

1月	2火	3水	4木	5金	6土	7日	8月	9火	10水	11木	12金	13土	14日	15月	16火
○	◎	○	◎	△	△	▲	○	△	○	◎	○	◎	△	△	▲
17水	**18木**	**19金**	**20土**	**21日**	**22月**	**23火**	**24水**	**25木**	**26金**	**27土**	**28日**	**29月**	**30火**	**31水**	
○	△	○	◎	○	◎	△	△	▲	○	△	○	◎	○	◎	

六月　運勢

六月六日芒種の節より
月命戊午　四緑木星の月
暗剣殺　東南の方位

流れに逆らわず、あるがままに行動していくのが吉です。時勢を察知して方法を考えて進めば、大過なく過ごすことができます。先月の重い空気を撥ね除けて楽しい時間を過ごすことに重心を置いていくと良いでしょう。気楽に進んでいる時に良質のアイディアが生まれてくるものです。

●六月の方位

今月の吉方位	大吉→庚、辛
6月の幸運数	1、4、6
幸運色	アクアブルー

●吉日と注意日

1木	2金	3土	4日	5月	6火	7水	8木	9金	10土	11日	12月	13火	14水	15木	16金
△	△	▲	○	△	○	◎	○	◎	△	△	▲	○	△	○	◎
17土	**18日**	**19月**	**20火**	**21水**	**22木**	**23金**	**24土**	**25日**	**26月**	**27火**	**28水**	**29木**	**30金**		
○	◎	△	△	▲	○	△	○	◎	○	◎	△	△	▲		

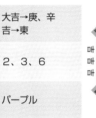

七月 運勢

七月七日小暑の節より
月命己未　三碧木星の月
暗剣殺　東の方位

盛運なのに、とんだ災難で苦しい立場に立たされてしまう難しい月を迎えました。今月は常に緊張感を持って進んでいきましょう。特別な気持ちを出さず現状が速やかに進んでくれれば良いという感覚で過ごすのが良いです。新しいことを始めようとすると妨害があり、計画が水泡に帰するようなことがあります。

●七月の方位

今月の吉方位	大吉→南、寅、艮
7月の幸運数	5、7、0
幸運色	ダークイエロー

●吉日と注意日

16日	15土	14金	13木	12水	11火	10月	9日	8土	7金	6木	5水	4火	3月	2日	1土
△	○	◎	○	◎	△	△	▲	○	△	○	◎	◎	○	△	○
	31月	30日	29土	28金	27木	26水	25火	24月	23日	22土	21金	20木	19水	18火	17月
	○	◎	△	△	▲	○	△	○	◎	○	◎	△	△	▲	○

八月 運勢

八月八日立秋の節より
月命庚申　二黒土星の月
暗剣殺　西南の方位

盛運月です。新規の計画があるようなら実行に移しても良いでしょう。ただし常に障害はいつ起きるか分からないという危機感は持ち続けましょう。気負わず平常心を持って事に当たれば上手くいきます。強い運気の月ですから、気負わず計画を冷静に推進していきましょう。成果は努力に比例します。

●八月の方位

今月の吉方位	大吉→北、南 吉→庚、辛
8月の幸運数	3、4、8
幸運色	エメラルドグリーン

●吉日と注意日

16水	15火	14月	13日	12土	11金	10木	9水	8火	7月	6日	5土	4金	3木	2水	1火
△	△	▲	○	△	○	◎	○	◎	△	△	▲	○	△	○	◎
	31木	30水	29火	28月	27日	26土	25金	24木	23水	22火	21月	20日	19土	18金	17木
	○	△	○	◎	○	◎	△	△	▲	○	△	○	◎	○	◎

九月 運勢

九月八日白露の節より
月命辛酉　一白水星の月
暗剣殺　北の方位

先月好調だった人は今月も大過なく過ごせます。物事の決着をつける決断の好機を逃さないようにしましょう。

良き指導者や上司の判断をもらうようにしましょう。社交性を発揮し、助力を得られる時は遠慮なく仰ぎましょう。良い話は果断に推進するのが上策です。決断は勇気を持って早目に下すことです。

●九月の方位

今月の吉方位	大吉→西南 吉→東北、庚、辛
9月の幸運数	3、5、8
幸運色	グリーン

●吉日と注意日

16土	15金	14木	13水	12火	11月	10日	9土	8金	7木	6水	5火	4月	3日	2土	1金
○	◎	○	◎	△	△	▲	○	△	○	◎	○	◎	△	△	▲
		30土	29金	28木	27水	26火	25月	24日	23土	22金	21木	20水	19火	18月	17日
		△	△	▲	○	△	○	◎	○	◎	△	△	▲	○	△

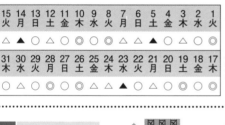

十月 運勢

十月八日寒露の節より
月命壬戌　九紫火星の月
暗剣殺　南の方位

仕事に専念をしましょう。強運気の時です。ただし計画をしっかり立てて計画に沿った行動をしましょう。気力は充実していますが、論理的根拠を抜きにして勢いだけで猛進するのは危険です。一歩先を見る目で進めば、働きがいのある月になり、成果は大きくなります。将来を見据えて広い視野での展開を考えましょう。

●十月の方位

今月の吉方位	大吉→東、西南 吉→東北
10月の幸運数	5、7、0
幸運色	ゴールド

●吉日と注意日

1	2	3	4	5	6	7	8	9	10	11	12	13	14	15	16
日	月	火	水	木	金	土	日	月	火	水	木	金	土	日	月
◎	○	◎	○	△	○	▲	△	△	◎	○	◎	○	△	○	▲

17	18	19	20	21	22	23	24	25	26	27	28	29	30	31
火	水	木	金	土	日	月	火	水	木	金	土	日	月	火
△	△	◎	○	◎	○	△	○	▲	△	△	◎	○	◎	○

十一月 運勢

十一月八日立冬の節より
月命癸亥　八白土星の月
暗剣殺　東北の方位

社交性を生かしましょう。人とのつながりの中から有利な話が発生します。特に目上の人との交際は吉運を運んできます。性急な行動は嫌われます。行き過ぎない節度が大切です。わきまえて進めば楽しく仕事を進めていくことができます。金銭の出入りには注意を。油断するとどんどん出ていってしまいます。

●十一月の方位

今月の吉方位	吉→北、南
11月の幸運数	1、4、9
幸運色	ブラウン

●吉日と注意日

1	2	3	4	5	6	7	8	9	10	11	12	13	14	15	16
水	木	金	土	日	月	火	水	木	金	土	日	月	火	水	木
△	○	▲	△	△	◎	○	◎	○	△	○	▲	△	△	◎	○

17	18	19	20	21	22	23	24	25	26	27	28	29	30
金	土	日	月	火	水	木	金	土	日	月	火	水	木
◎	○	△	○	▲	△	△	◎	○	◎	○	△	○	▲

十二月 運勢

十二月七日大雪の節より
月命甲子　七赤金星の月
暗剣殺　西の方位

一見華やかな雰囲気の月です。運気は盛運と錯覚しがちですが、少し下降線をたどっています。錯覚に惑わされず地に足を着けた働きをしましょう。焦らず地道に努力を続けましょう。多少の煩わしさがあっても地道な研鑽は生きてきます。言動は控え目に。人との折衝の中で食い違いが生じる可能性があります。

●十二月の方位

今月の吉方位	吉→北
12月の幸運数	2、3、7
幸運色	オレンジ

●吉日と注意日

1	2	3	4	5	6	7	8	9	10	11	12	13	14	15	16
金	土	日	月	火	水	木	金	土	日	月	火	水	木	金	土
△	△	◎	○	◎	○	△	○	▲	△	△	◎	○	◎	○	△

17	18	19	20	21	22	23	24	25	26	27	28	29	30	31
日	月	火	水	木	金	土	日	月	火	水	木	金	土	日
○	▲	△	△	◎	○	◎	○	△	○	▲	△	△	◎	○

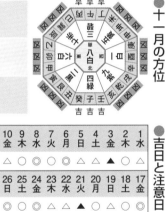

二黒土星《じこくどせい》

生長期

方位吉凶図

吉方

本年は相生する九紫火星が回座する北方位、七赤金星が回座する東北方位、八白土星が回座する南方位が吉方位となります。月別の吉方は毎月の運勢欄をご覧ください。

凶方

本年は五黄土星が回座する西北方位が五黄殺、反対の三碧木星が回座する東南方位が暗剣殺の大凶方位となります。二黒土星が回座する東方位が本命殺、六白金星が回座する西方位が本命的殺の大凶方位になります。本年の十二支である卯の反対側、酉の方位が歳破で大凶方位です。月別の凶方は毎月の運勢欄をご覧ください。

今年の運勢の変化と指針

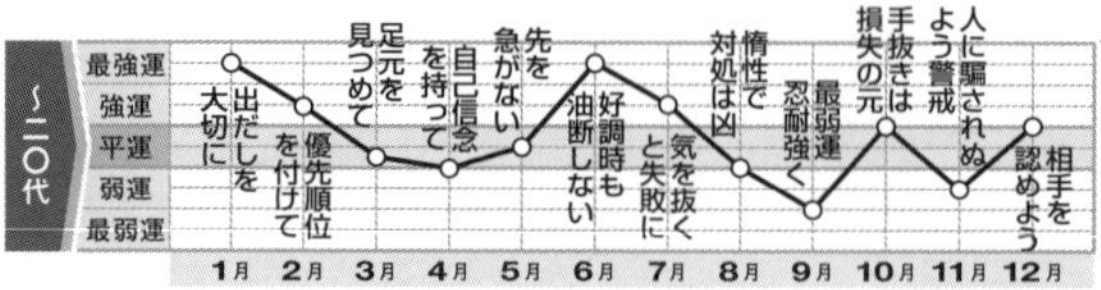

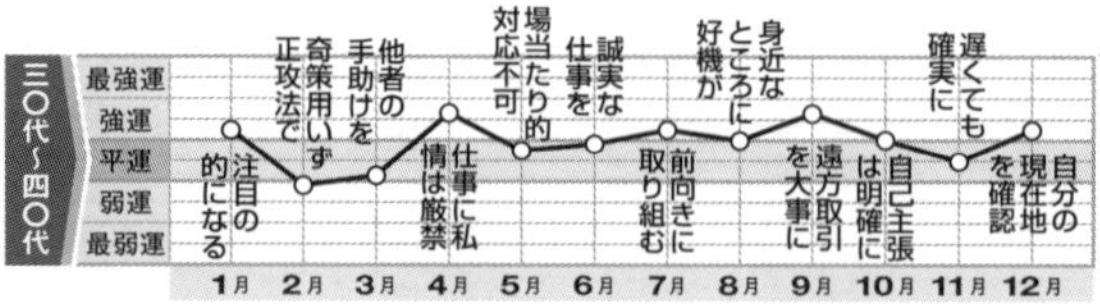

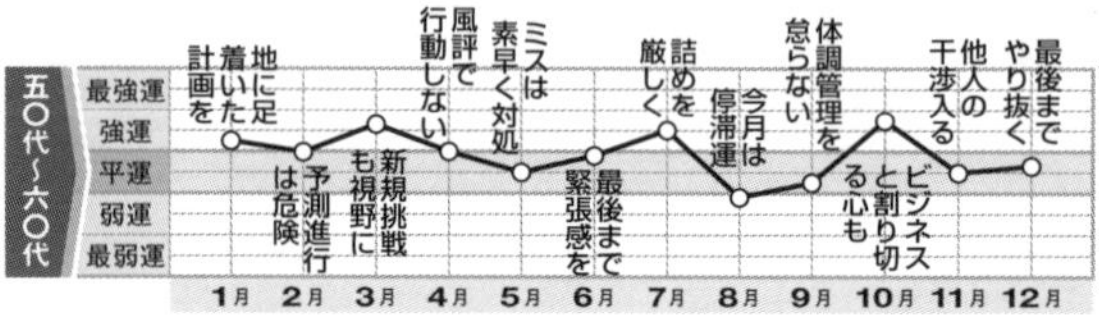

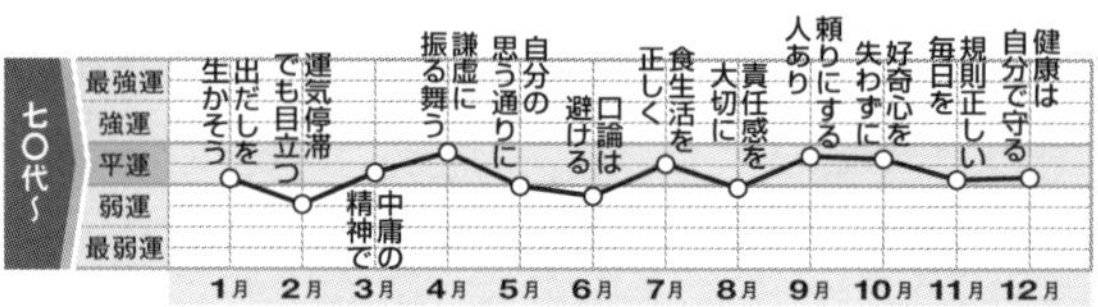

●本年のあなたの星は東方位の震宮《しんきゅう》に回座しています。物事が万事活発に動く星回りです。慎重派のあなたも今年は決断力を発揮するような場面に多く接するかも知れません。安全確実に推し進めるあなたを頼りにし期待する人たちがいます。手広く手掛けるのではなく、自分の得意分野や専門分野に絞り込んで研鑽を重ねましょう。

●積み重ねてきた業績が認められる喜びも期待できます。喜びがあったからといって有頂天になる気持ちは引き締めましょう。ふとした言葉遣いで口論になる危険性があります。言葉遣いには十分な気配りをしましょう。

●隠れていた事実が表面に現れてくる顕現作用を伴った年でもあります。日頃から秘密を作らないように気を配りましょう。今まで苦労してきた問題が好転する可能性もあります。前向きに推進させていくのが良いです。

適職

農業、不動産業、建築・土木業、陶磁器業、古物販売業、レストラン業、産婦人科・婦人用品販売ストア、胃腸クリニック、会社補佐役、シルバー産業、米屋等

年齢別１年間の運勢指針

年齢	運勢指針
7歳（平成28年 丙申）	自分の身の回りを自分で整理できるように仕向けていきましょう。
16歳（平成19年 丁亥）	周囲が、今一生懸命頑張ることが将来のために役立つことを教えてあげましょう。
25歳（平成10年 戊寅）	惰性に流されていくのが一番危険な生活習慣です。自分の正しい方針を固く貫くのが重要なことです。
34歳（平成元年・昭和64年 己巳）	交遊関係が広がり幅広く付き合いが広がります。見聞が広がり人間性が大きくなります。
43歳（昭和55年 庚申）	運気は衰運ですが落ち込んではいられないでしょう。全力を尽くして前進する気力があれば道は開けます。
52歳（昭和46年 辛亥）	力の見せどころとなる時期です。タイミングを外さなければ成果が大きく上がります。
61歳（昭和37年 壬寅）	努力が形に表れず苦しい立場に追い込まれます。今まで通り誠実に努力を重ねていくことです。
70歳（昭和28年 癸巳）	危険を冒さず手堅く進めていくのが良いです。細々とでも努力の継続を。
79歳（昭和19年 甲申）	気力が落ち込むことがあります。外の空気を吸って他者と接すれば気力を補うことができます。
88歳（昭和10年 乙亥）	謹厳実直に生きてきたあなたは実践力を欠いているかも知れません。思ったことや感じたことはすぐ実行に。
97歳（昭和元年・大正15年 丙寅）	人と話をする機会を大いに楽しみましょう。元気旺盛な火の性を持つあなたは周囲から好かれています。
106歳（大正6年 丁巳）	芯の部分はかなり激しいものを持っているあなたです。情熱の火を消滅させず皆と和してみましょう。

●今年の健康運

比較的健康には恵まれる年です。ただし昨年と違って生活が不規則になりがちです。生活のテンポが狂うと精神的にもストレスが溜まります。生真面目なあなたは余計に負担を感じてしまいます。少し余裕のある仕事ぶりや生活を心掛けましょう。今年のあなたの病気の特徴は「痛い・苦しい」がキーワードです。喘息やリウマチなどに気を付けましょう。

●今年の金銭運

本年の金運は悪くないのですが、金銭管理をしっかりしないと、忙しくしただけで何も残らないで終わってしまうことになりかねません。収支計算をしっかり捉えれば、金運は悪くないので手元に残る運気です。流通の金運ですので回転させることで利益を生み出します。堅実な金銭の扱い方を変えてはいけません。博打的な金銭の動かし方は厳禁です。

●今年の恋愛運

本年は積極的に動くのが良いです。ここ数年低迷を続けたかも知れない恋愛運が良好な巡り合わせを迎えたといえます。特に独身者には異性運が働きますので、心が動かされた相手には働き掛けてみましょう。行動を起こさなければ何も起きません。本年の恋愛は派手で賑やかになるでしょう。真面目に愛を育んできた人は結婚へと一気に進む可能性があります。

一月 運勢

一月六日小寒の節より
月命癸丑　九紫火星の月
暗剣殺　南の方位

今月は良好な星の上に回座しているので、気分ゆったりと活動できます。交友関係が特に吉運です。人のために尽力すると、さらに運気が上昇します。財運も良いです。交際費が多くなりますので大人の対応をして収支バランスを上手に保ちましょう。

言葉遣いには気を付けてください。

●一月の方位

今月の吉方位	中吉→東南 吉→坤
1月の幸運数	2、4、9
幸運色	レッド

●吉日と注意日

16 月	15 日	14 土	13 金	12 木	11 水	10 火	9 月	8 日	7 土	6 金	5 木	4 水	3 火	2 月	1 日
○	◎	○	▲	○	▲	△	○	◎	○	◎	◎	○	◎	○	△
	31 火	30 月	29 日	28 土	27 金	26 木	25 水	24 火	23 月	22 日	21 土	20 金	19 木	18 水	17 火
	▲	○	▲	△	○	◎	○	◎	○	▲	○	▲	△	○	◎

二月 運勢

二月四日立春の節より
月命甲寅　八白土星の月
暗剣殺　東北の方位

油断のならない月を迎えています。何かしなければいけないと思うけれど考えがまとまらないというジレンマに陥ります。計画に沿って地道に努力を重ねていくのが最善策です。状況を判断して安全第一を目指して舵を切っていくのが賢明です。新たな方向を選択するより現状維持策をとりましょう。

●二月の方位

今月の吉方位	吉→東
2月の幸運数	1、3、9
幸運色	オレンジ

●吉日と注意日

16 木	15 水	14 火	13 月	12 日	11 土	10 金	9 木	8 水	7 火	6 月	5 日	4 土	3 金	2 木	1 水
▲	△	○	◎	○	◎	○	▲	○	▲	△	○	◎	○	◎	○
				28 火	27 月	26 日	25 土	24 金	23 木	22 水	21 火	20 月	19 日	18 土	17 金
				○	▲	○	▲	△	○	◎	○	◎	○	▲	○

三月 運勢

三月六日啓蟄の節より
月命乙卯　七赤金星の月
暗剣殺　西の方位

着実な働きが結実し、評価を得られます。運気は良好でも無理はしないことです。長続きする好運気ではありません。重要なことは月の前半で仕上げるようにするのが賢明です。また有頂天にならず、次の飛躍となるべきことを考えましょう。今月は良いアイディアを生み出すのに適した頭脳の働きが現れやすい月です。

●三月の方位

今月の吉方位	なし
3月の幸運数	5、7、0
幸運色	ホワイト

●吉日と注意日

16 木	15 水	14 火	13 月	12 日	11 土	10 金	9 木	8 水	7 火	6 月	5 日	4 土	3 金	2 木	1 水
○	▲	△	○	◎	○	◎	○	▲	○	▲	△	○	◎	○	◎
	31 金	30 木	29 水	28 火	27 月	26 日	25 土	24 金	23 木	22 水	21 火	20 月	19 日	18 土	17 金
	○	◎	○	◎	○	▲	○	▲	△	○	◎	○	◎	○	▲

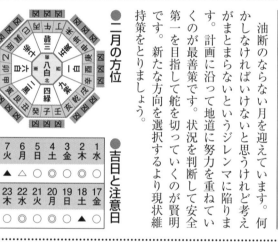

四月 運勢

四月五日清明の節より
月命丙辰　六白金星の月
暗剣殺　西北の方位

努力は裏切らないけれど、今月の成果は表面に出にくいことがあります。成果は努力の積み重ねです。忘れた頃に実を結んで表れるものです。このような時は新規のことに手を出すのではなく手持ちのことに全力を尽くしましょう。

言動は節度を保ちましょう。目立ち過ぎはかえって顰蹙を買います。

●四月の方位

今月の吉方位	大吉→東北 中吉→庚、辛
4月の幸運数	2、3、7
幸運色	ダークパープル

●吉日と注意日

1土	2日	3月	4火	5水	6木	7金	8土	9日	10月	11火	12水	13木	14金	15土	16日
△	▲	○	▲	○	◎	○	◎	○	△	▲	○	▲	○	◎	○

17月	18火	19水	20木	21金	22土	23日	24月	25火	26水	27木	28金	29土	30日
◎	○	△	▲	○	▲	○	◎	○	◎	○	△	▲	○

五月 運勢

五月六日立夏の節より
月命丁巳　五黄土星の月
暗剣殺　なし

先月に比べて少し明るさが見える月です。運気は全開とはいかない月ですので、新規の計画などは入念に練ってから実施しましょう。手堅い計画を立てるべきです。金銭が苦しい時ですが、じっくりと推進すれば無難に進みます。周囲の協力を得るためにも事前の根回しは十分にしておくと効果的です。

●五月の方位

今月の吉方位	大吉→南 吉→庚、辛
5月の幸運数	1、5、6
幸運色	ブラック

●吉日と注意日

1月	2火	3水	4木	5金	6土	7日	8月	9火	10水	11木	12金	13土	14日	15月	16火
▲	○	◎	○	◎	○	△	▲	○	▲	○	◎	○	◎	○	△

17水	18木	19金	20土	21日	22月	23火	24水	25木	26金	27土	28日	29月	30火	31水
▲	○	▲	○	◎	○	◎	○	△	▲	○	▲	○	◎	○

六月 運勢

六月六日芒種の節より
月命戊午　四緑木星の月
暗剣殺　東南の方位

落ち着かない月になります。雰囲気に流されず、自分流のやり方でミスをしないようにしましょう。周囲との協調が非常に大切な時です。計画や目標への道筋通りに進んでいきましょう。意欲と実践が噛み合うと大きな結果を残すことができます。正道をきちんと進んでください。緊張感を最後まで切らさずにいましょう。

●六月の方位

今月の吉方位	大吉→壬、癸 中吉→南 吉→東北
6月の幸運数	2、5、8
幸運色	イエロー

●吉日と注意日

1木	2金	3土	4日	5月	6火	7水	8木	9金	10土	11日	12月	13火	14水	15木	16金
◎	○	△	▲	○	▲	○	◎	○	◎	○	△	▲	○	▲	○

17土	18日	19月	20火	21水	22木	23金	24土	25日	26月	27火	28水	29木	30金
◎	○	◎	○	△	▲	○	▲	○	◎	○	◎	○	△

七月 運勢

七月七日小暑の節より
月命己未　三碧木星の月
暗剣殺　東の方位

好調時にも緊張感を緩めずに進んでいきましょう。気の緩んだところに障害が忍び込んできます。周囲の情勢には十分に気を配ってください。真面目に行動するのが信用を得るための最大の武器です。功を焦らず結論を急がず、確実に仕上げることを目指しましょう。あまり欲を出し過ぎるのも失敗する要因になります。

●七月の方位

今月の吉方位	大吉→西南 中吉→北 吉→南、寅、艮
7月の幸運数	3、4、8
幸運色	レッド

●吉日と注意日

16日	15土	14金	13木	12水	11火	10月	9日	8土	7金	6木	5水	4火	3月	2日	1土
○	▲	○	◎	○	◎	○	△	▲	○	▲	○	○	▲	○	▲
	31月	30日	29土	28金	27木	26水	25火	24月	23日	22土	21金	20木	19水	18火	17月
	◎	○	◎	○	△	▲	○	▲	○	◎	○	◎	○	△	▲

八月 運勢

八月八日立秋の節より
月命庚申　二黒土星の月
暗剣殺　西南の方位

運気が安定しないところに人や雑用が集まります。焦らず一つずつ丁寧に対処していけば、案外簡単に処理できます。雑多な内容の中味をきちんと分析してみましょう。順位を付けて、重要なものから処理をしましょう。

旧態依然とした状況のものは捨て、新たに更新をして新風を入れましょう。

●八月の方位

今月の吉方位	大吉→東 吉→北、南
8月の幸運数	2、6、8
幸運色	ダークグリーン

●吉日と注意日

16水	15火	14月	13日	12土	11金	10木	9水	8火	7月	6日	5土	4金	3木	2水	1火
◎	○	△	▲	○	▲	○	◎	○	◎	○	△	▲	○	▲	○
	31木	30水	29火	28月	27日	26土	25金	24木	23水	22火	21月	20日	19土	18金	17木
	▲	○	▲	○	◎	○	◎	○	△	▲	○	▲	○	◎	○

九月 運勢

九月八日白露の節より
月命辛酉　一白水星の月
暗剣殺　北の方位

充実した月になります。自信過剰になって謙虚な姿勢を忘れると、とんだしっぺ返しをくらいます。存分に働きたくなりますが、控え目でも十分に効果は出ます。金運も比較的良いのですが、将来に備えて貯蓄を考えましょう。周囲との意見の相違での口論や争論は絶対に避けましょう。穏やかな姿勢が幸運を呼びます。

●九月の方位

今月の吉方位	中吉→甲、乙 吉→西南
9月の幸運数	4、5、6
幸運色	ゴールド

●吉日と注意日

16土	15金	14木	13水	12火	11月	10日	9土	8金	7木	6水	5火	4月	3日	2土	1金
▲	○	◎	○	◎	○	△	▲	○	▲	○	◎	○	◎	○	△
		30土	29金	28木	27水	26火	25月	24日	23土	22金	21木	20水	19火	18月	17日
		◎	○	△	▲	○	▲	○	◎	○	◎	○	△	▲	○

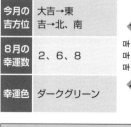

十月 運勢

十月八日寒露の節より
月命壬戌　九紫火星の月
暗剣殺　南の方位

好調さは続いています。自分自身の適切な判断で推し進めることができます。現在進行形の事柄は概ね好調に進展していきます。交友関係も良好な状況を示しています。他者に対する尊敬の念を忘れないようにしましょう。日々の努力が成果として表れてくる吉運月です。全力を尽くして奮闘しましょう。

●十月の方位

今月の吉方位	吉→西南
10月の幸運数	1、4、9
幸運色	ブラウン

●吉日と注意日

1日	2月	3火	4水	5木	6金	7土	8日	9月	10火	11水	12木	13金	14土	15日	16月
○	◎	○	▲	○	▲	△	○	◎	○	◎	○	▲	○	▲	△

17火	18水	19木	20金	21土	22日	23月	24火	25水	26木	27金	28土	29日	30月	31火
○	◎	○	◎	○	▲	○	▲	△	○	◎	○	◎	○	▲

十一月 運勢

十一月八日立冬の節より
月命癸亥　八白土星の月
暗剣殺　東北の方位

危険な月を迎えています。万事に慎重さが要求されます。迷い多く頭が混乱し、普段はとらぬような言動をとってしまいます。安全第一が今月のキーワードとなります。不意の出来事が起きるかも知れないと心の準備をしておきましょう。心の準備があれば、いざという時にも慌てないで済みます。

●十一月の方位

今月の吉方位	吉→東
11月の幸運数	2、4、9
幸運色	ワインレッド

●吉日と注意日

1水	2木	3金	4土	5日	6月	7火	8水	9木	10金	11土	12日	13月	14火	15水	16木
○	▲	△	○	◎	○	◎	○	▲	○	▲	△	○	◎	○	◎

17金	18土	19日	20月	21火	22水	23木	24金	25土	26日	27月	28火	29水	30木
○	▲	○	▲	△	○	◎	○	◎	○	▲	○	▲	△

十二月 運勢

十二月七日大雪の節より
月命甲子　七赤金星の月
暗剣殺　西の方位

今月まで良かった人も悪かった人も白黒の決着をつけさせられます。慎重な言動を心掛けましょう。師走という時期を考えると冒険的なことは避けるべきです。付け焼刃的な対処は好ましくありません。一時的な損失よりも将来性のある対処が望ましいでしょう。急ぎ過ぎも失敗につながるので慎重さは重要です。

●十二月の方位

今月の吉方位	なし
12月の幸運数	5、6、7
幸運色	グレー

●吉日と注意日

1金	2土	3日	4月	5火	6水	7木	8金	9土	10日	11月	12火	13水	14木	15金	16土
○	◎	○	◎	○	▲	○	▲	△	○	◎	○	◎	○	▲	○

17日	18月	19火	20水	21木	22金	23土	24日	25月	26火	27水	28木	29金	30土	31日
▲	△	○	◎	○	◎	○	▲	○	▲	△	○	◎	○	◎

三碧木星《さんぺきもくせい》

◎開花期

方位吉凶図

吉方

本年は相生する一白水星が回座する西南方位、九紫火星が回座する北方位が吉方となります。月別の吉方は毎月の運勢欄をご覧ください。

凶方

本年は五黄土星が回座する西北方位が五黄殺、三碧木星が回座する東南方位が暗剣殺の大凶方位となります。三碧木星が回座する東南方位が本命殺、五黄土星が回座する西北方位が本命的殺の大凶方位になります。五黄殺、暗剣殺と重なる大凶殺になりますので十分注意をしてください。本年の十二支である卯の反対側、酉の方位が歳破で大凶方位です。月別の凶方は毎月の運勢欄をご覧ください。

今年の運勢の変化と指針

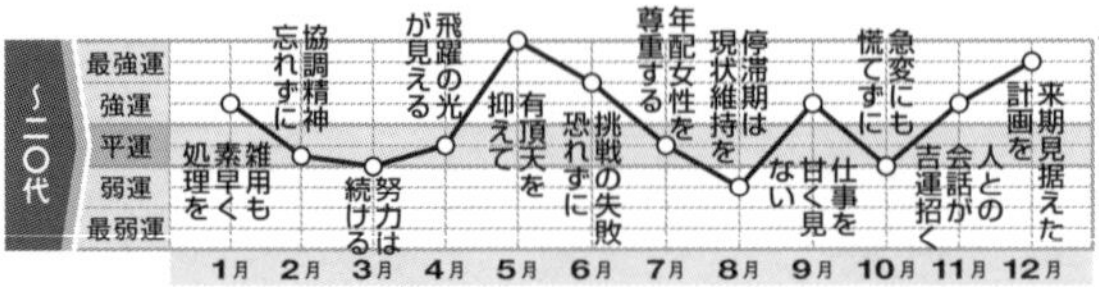

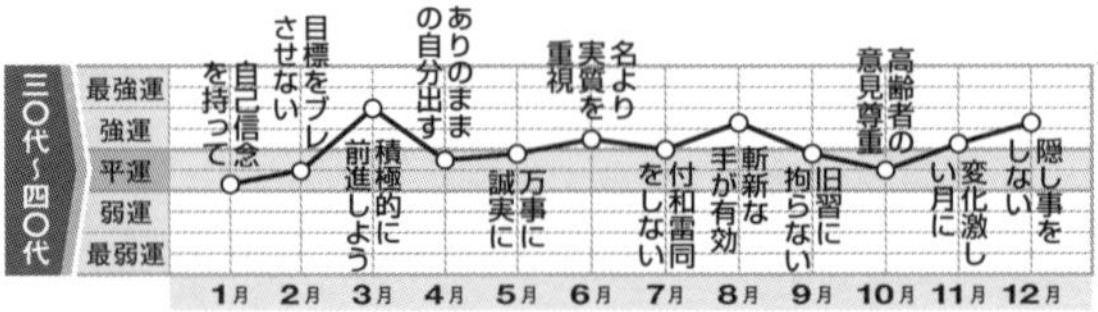

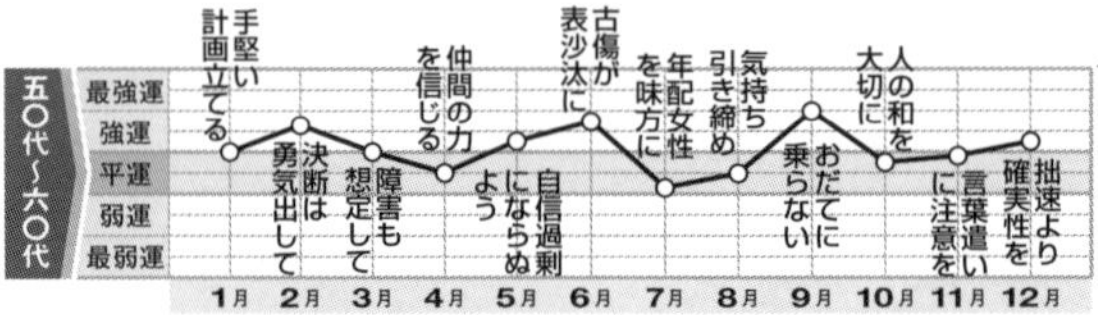

●本年は東南の巽宮《そんきゅう》に回座しています。生長して開花する華やかな時期を迎えています。水を得た魚のように生き生きと活躍できるし、すべてが進展していく盛運期です。あまり順調にいくと決断を延ばしてしまう弱点が人にはあります。好機を逃さぬよう決断力を磨いておきましょう。確信を持って実践を貫いていくのが良好な結果を得る最善策です。

●結論を出す時は十分な検討を加え、納得のいく結論を導き出してください。特に遠方との取引には警戒心を強く持ってください。新規の計画を実行しないほうが良策です。どうしても実行したい時は規模を縮小して実施するのが良いです。手を広げ過ぎて無理をすると過労から病を引き起こします。休息を適度に取り入れ、常に体調を万全な状態に保っておきましょう。相談を持ち込まれることがありますが、本年はあまり引き受けないほうが良いです。

適職 音楽家、司会者、楽器商、ミュージシャン、タレント、落語家、情報通信産業、マスコミ情報関係、外科医、家庭園芸関係、銃砲店、青果商、エアロビクス・インストラクター等

年齢別１年間の運勢指針

8歳（平成27年 乙未）
友達と仲良く遊ぶのが大事であると教えましょう。こんな世の中だからこそ人とのつながりは一層大切です。

17歳（平成18年 丙戌）
場の雰囲気で答えを出さず、判断基準を整理して自分なりの結論の導き方を整える訓練をしましょう。

26歳（平成9年 丁丑）
厳しい立場に立たされるかも知れません。難しい問題は先輩なり経験者に聞いて解決策を導き出しましょう。

35歳（昭和63年 戊辰）
仕事が次々に襲いかかってくる感じです。慌てずに優先順位を決めて最重要課題から対応していきましょう。

44歳（昭和54年 己未）
良いことも悪いことも誇張されて取られます。謙虚な姿勢を保ち、得意の絶頂の時こそ注意をしましょう。

53歳（昭和45年 庚戌）
後継者や後輩の育成に力を注がなければいけない世代に差し掛かっています。広い視野で人を見ましょう。

62歳（昭和36年 辛丑）
難局が行く先に立ちはだかります。小さなことから順番に解決していくと、全体解決につながります。

71歳（昭和27年 壬辰）
仕事をしている人は軽々しく私情を差し挟まないように注意を。噂話を鵜呑みにせず真相を確認しましょう。

80歳（昭和18年 癸未）
自分の納得いかないことを受け入れようとしない頑固さが人との交わりに支障をきたすことがあります。

89歳（昭和9年 甲戌）
人生努力してここまで歩んできました。これからは少しのんびりと生きても良いでしょう。

98歳（大正14年 乙丑）
かなり頑固一徹で生きてきたあなたでも、周囲があなたの所に集まってきます。人徳があるのでしょう。

107歳（大正5年 丙辰）
気位高く過ごしてきたあなたも周囲の励ましや親切は受け、感謝の気持ちを言動で表しましょう。

●今年の健康運

風邪を引かないことと腸に気を配ることを心掛けてください。健康に自信のある人も油断大敵です。風邪をこじらせると長引き、他の病気を併発させます。運気そのものは上昇運にありますが、暗剣殺という凶神を背負っていますので注意が肝心です。少しでも変調を感じたら迅速に診察を受けましょう。気管支を痛めますと声が出にくくなります。

●今年の金銭運

突発事項による急な出費に気を付けましょう。事前に備えておけば、いざという時に慌てないで済みます。本年の金運は悪くはないのです。金運を上げるには信用度を上げることが第一です。物事が整う方向に動こうとしますので、信用度を上げることで取引が増大し利益が上がります。商売に限らず信用は財産を生む大きな要因となります。

●今年の恋愛運

活発なのに今一つ進展しないもどかしさを感じるかも知れません。あなたの優柔不断さがそうさせるのかも知れません。いつもはてきぱきと物事を推し進めていくあなたですが、本年の恋愛に限っては、わずか一歩の好機を逃しがちです。恋愛にはタイミングがとても大切です。どんなきっかけでもチャンスは一瞬です。逃さず果敢にアタックをしましょう。

一月 運勢

一月六日小寒の節より
月命癸丑 九紫火星の月
暗剣殺 南の方位

今月は油断するとずるずると成すすべなく終わってしまいます。新旧が入り混じり複雑な動きを求められます。年初の計画を明確に立て、忠実に遂行していくのが良い対策です。確実な成算がない場合は実行を思いとどまりましょう。しっかりした信念を持ち、当初計画を忍耐強く推進しましょう。

●一月の方位

今月の吉方位	大吉→西北
1月の幸運数	5、6、7
幸運色	イエロー

●吉日と注意日

16月	15日	14土	13金	12木	11水	10火	9月	8日	7土	6金	5木	4水	3火	2月	1日
◎	○	△	○	▲	△	○	○	○	◎	○	○	◎	○	○	○
	31火	30月	29日	28土	27金	26木	25水	24火	23月	22日	21土	20金	19木	18水	17火
	○	▲	△	○	○	○	◎	○	△	○	▲	△	○	○	○

二月 運勢

二月四日立春の節より
月命甲寅 八白土星の月
暗剣殺 東北の方位

目の前の職務を忠実にこなしていけば、成果が出て平穏に終わります。努力がそれなりに認められる月です。手抜きをせず誠実に取り組んでいきましょう。周囲との調和を意識して保つようにすれば仕事は前進していきます。感情を露わにすると小さな事柄でもトラブルとなり、親しかった人と疎遠になることもあります。

●二月の方位

今月の吉方位	大吉→庚、辛
2月の幸運数	4、5、6
幸運色	ブラック

●吉日と注意日

16木	15水	14火	13月	12日	11土	10金	9木	8水	7火	6月	5日	4土	3金	2木	1水
△	○	○	○	◎	○	△	○	▲	△	○	○	○	◎	○	△
				28火	27月	26日	25土	24金	23木	22水	21火	20月	19日	18土	17金
				△	○	▲	△	○	○	○	◎	○	△	○	▲

三月 運勢

三月六日啓蟄の節より
月命乙卯 七赤金星の月
暗剣殺 西の方位

万事に細心の注意を払って対応しましょう。他人の面倒を見なければいけなくなり、少し関わっただけでも責任を背負うことになります。覚悟を決めて対処することが重要です。何事も急いで結論を出そうとすると失敗につながります。遅くても正確な結果が出るようにゆっくり行なうのが良策です。

●三月の方位

今月の吉方位	大吉→東北 中吉→西南
3月の幸運数	2、3、7
幸運色	パープル

●吉日と注意日

16木	15水	14火	13月	12日	11土	10金	9木	8水	7火	6月	5日	4土	3金	2木	1水
▲	△	○	○	○	◎	○	△	○	▲	△	○	○	○	◎	○
	31金	30木	29水	28火	27月	26日	25土	24金	23木	22水	21火	20月	19日	18土	17金
	○	○	◎	○	△	○	▲	△	○	○	○	◎	○	△	○

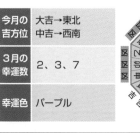

四月 運勢

四月五日清明の節より
月命丙辰　六白金星の月
暗剣殺　西北の方位

目に見えない力が背中から後押しをしてくれるような力強さを感じる月です。良いと思ったことは迷わず実行に移しましょう。実践しての失敗は次なる挑戦に役立ちます。何もしないで惰性で時間を費やすのは人生の損失です。成功は他者の犠牲と協力があったからこそであることを忘れてはいけないでしょう。

●四月の方位

今月の吉方位	大吉→南 中吉→東
4月の幸運数	1、3、9
幸運色	マリンブルー

●吉日と注意日

1 土	2 日	3 月	4 火	5 水	6 木	7 金	8 土	9 日	10 月	11 火	12 水	13 木	14 金	15 土	16 日
○	△	▲	○	△	○	◎	○	○	○	△	▲	○	△	○	◎

17 月	18 火	19 水	20 木	21 金	22 土	23 日	24 月	25 火	26 水	27 木	28 金	29 土	30 日
○	○	○	△	▲	○	△	○	◎	○	○	○	△	▲

五月 運勢

五月六日立夏の節より
月命丁巳　五黄土星の月
暗剣殺　なし

上昇運で、気力も充実する時です。結果が出るのに多少の時間はかかりますが、確実に成果は上がります。自然の流れに沿って正統手段を用いて前進していきましょう。思いつきや早急に結論を出さなければいけない事案には不向きな時です。急ぐ案件こそ時間をたっぷりかけて対応するのが吉です。

●五月の方位

今月の吉方位	大吉→北 吉→南
5月の幸運数	5、8、0
幸運色	クリスタルホワイト

●吉日と注意日

1 月	2 火	3 水	4 木	5 金	6 土	7 日	8 月	9 火	10 水	11 木	12 金	13 土	14 日	15 月	16 火
○	△	○	◎	○	○	○	△	▲	○	△	○	◎	○	○	○

17 水	18 木	19 金	20 土	21 日	22 月	23 火	24 水	25 木	26 金	27 土	28 日	29 月	30 火	31 水
△	▲	○	△	○	◎	○	○	○	△	▲	○	△	○	◎

六月 運勢

六月六日芒種の節より
月命戊午　四緑木星の月
暗剣殺　東南の方位

重大な月を迎えています。新規計画の実行、移転、結婚など人生の重大事項を決行するのには最悪の時です。極力避けるように努力してください。気を付けなければいけないのは遠方からの話です。勢いがある月なのでつい突き進んでしまいたくなりますが、十分考慮して結論を出しましょう。

●六月の方位

今月の吉方位	大吉→西南 吉→壬、癸
6月の幸運数	3、4、8
幸運色	エメラルドグリーン

●吉日と注意日

1 木	2 金	3 土	4 日	5 月	6 火	7 水	8 木	9 金	10 土	11 日	12 月	13 火	14 水	15 木	16 金
○	○	○	△	▲	○	△	○	◎	○	○	○	△	▲	○	△

17 土	18 日	19 月	20 火	21 水	22 木	23 金	24 土	25 日	26 月	27 火	28 水	29 木	30 金
○	◎	○	○	○	△	▲	○	△	○	◎	○	○	○

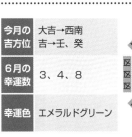

七月 運勢

七月七日小暑の節より
月命己未　三碧木星の月
暗剣殺　東の方位

先月の危機を脱して少し息抜きのできる月です。人によっては忙しい月にもなりそうです。力量の許す限り積極的に引き受けて取り組んでいきましょう。飛躍のチャンスになることもあります。ただし独断を避け、上司や識者に相談しながら進めていきましょう。良好な話でも実力を超えたことには協力者が必要です。

●七月の方位

今月の吉方位	吉→西南
7月の幸運数	3、5、8
幸運色	ホワイト

●吉日と注意日

1土	2日	3月	4火	5水	6木	7金	8土	9日	10月	11火	12水	13木	14金	15土	16日
△	▲	○	△	△	○	▲	△	○	○	○	◎	○	△	○	▲

17月	18火	19水	20木	21金	22土	23日	24月	25火	26水	27木	28金	29土	30日	31月
△	○	○	○	◎	○	△	○	▲	△	○	○	○	◎	○

八月 運勢

八月八日立秋の節より
月命庚申　二黒土星の月
暗剣殺　西南の方位

気力が充実して積極的になります。実力を最大限出して奮闘しましょう。自信過剰気味になりますので自制心を働かせましょう。謙虚な態度で周囲と調和を図りながら推進すれば、協力や信頼も得られます。気を付けてほしいのは、一攫千金狙いです。成功が続くと気持ちが大きくなり、実力を過大評価してしまいます。

●八月の方位

今月の吉方位	中吉→庚、辛 吉→東
8月の幸運数	4、6、7
幸運色	シルバー

●吉日と注意日

1火	2水	3木	4金	5土	6日	7月	8火	9水	10木	11金	12土	13日	14月	15火	16水
△	○	▲	△	○	○	○	◎	○	△	○	▲	△	○	○	○

17木	18金	19土	20日	21月	22火	23水	24木	25金	26土	27日	28月	29火	30水	31木
◎	○	△	○	▲	△	○	○	○	◎	○	△	○	▲	△

九月 運勢

九月八日白露の節より
月命辛酉　一白水星の月
暗剣殺　北の方位

良好な運気で、何事も余裕を持って進めていくことができます。目上の人による引き立ても望める月です。金銭的な面で見栄を張ったり無理したりしない方策をとってください。気力を集中させ、目標に焦点を絞った方法をとりましょう。新規事業や重要事項は月の初めに着手し、月内に終わらせる計画で進めましょう。

●九月の方位

今月の吉方位	中吉→東北
9月の幸運数	1、4、9
幸運色	チャコールグレー

●吉日と注意日

1金	2土	3日	4月	5火	6水	7木	8金	9土	10日	11月	12火	13水	14木	15金	16土
○	○	○	◎	○	△	○	▲	△	○	○	○	◎	○	△	○

17日	18月	19火	20水	21木	22金	23土	24日	25月	26火	27水	28木	29金	30土
▲	△	○	○	○	◎	○	△	○	▲	△	○	○	○

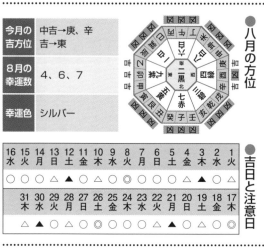

十月 運勢

十月八日寒露の節より
月命壬戌　九紫火星の月
暗剣殺　南の方位

運気不安定になり変革を求める気持ちが強くなります。しかし今月は少し控えめにしたほうが良さそうです。目先の利に惑わされず、将来を見据えた計画で動きましょう。その場で思いついたような改革は失敗の憂き目を見て、痛い目に遭いそうです。身内や親しい人との間での金銭の貸し借りは避けましょう。

●十月の方位

今月の吉方位	なし
10月の幸運数	2、6、8
幸運色	レッド

●吉日と注意日

1	2	3	4	5	6	7	8	9	10	11	12	13	14	15	16
日	月	火	水	木	金	土	日	月	火	水	木	金	土	日	月
◎	○	△	○	▲	△	○	○	○	◎	○	△	○	▲	△	○

17	18	19	20	21	22	23	24	25	26	27	28	29	30	31
火	水	木	金	土	日	月	火	水	木	金	土	日	月	火
○	○	◎	○	△	○	▲	△	○	○	○	◎	○	△	○

十一月 運勢

十一月八日立冬の節より
月命癸亥　八白土星の月
暗剣殺　東北の方位

秘密にしていたことが発覚しやすい月です。覚えのある人は、反省して正々堂々とした正道を歩むようにしましょう。隠れた才能や日頃の努力が認められて信用・名誉を受けることがあります。

部下や目下の面倒を見なければいけない状況が起きます。その時は心を決めて誠実に対応してあげましょう。

●十一月の方位

今月の吉方位	大吉→庚、辛
11月の幸運数	5、7、0
幸運色	レモンイエロー

●吉日と注意日

1	2	3	4	5	6	7	8	9	10	11	12	13	14	15	16
水	木	金	土	日	月	火	水	木	金	土	日	月	火	水	木
▲	△	○	○	○	◎	○	△	○	▲	△	○	○	○	◎	○

17	18	19	20	21	22	23	24	25	26	27	28	29	30
金	土	日	月	火	水	木	金	土	日	月	火	水	木
△	○	▲	△	○	○	○	◎	○	△	○	▲	△	○

十二月 運勢

十二月七日大雪の節より
月命甲子　七赤金星の月
暗剣殺　西の方位

弱運気の月です。消極策が功を奏します。新たな契約など、来年に回せるものであれば先延ばしにしましょう。必要ではない事柄に口を挟まず、我が道を歩むことに徹しましょう。思い込みで行動せず、年初計画に沿った動きをするのが最善策です。付き合いでは見栄を張らず、ありのままの自分でいるのが良いです。

●十二月の方位

今月の吉方位	大吉→東北 中吉→西南
12月の幸運数	2、7、8
幸運色	ローズパープル

●吉日と注意日

1	2	3	4	5	6	7	8	9	10	11	12	13	14	15	16
金	土	日	月	火	水	木	金	土	日	月	火	水	木	金	土
○	○	◎	○	△	○	▲	△	○	○	○	◎	○	△	○	▲

17	18	19	20	21	22	23	24	25	26	27	28	29	30	31
日	月	火	水	木	金	土	日	月	火	水	木	金	土	日
△	○	○	○	◎	○	△	○	▲	△	○	○	○	◎	○

四緑木星《しろくもくせい》

結実期

方位吉凶図

吉方

本年は相生する一白水星が回座する西南方位、九紫火星が回座する北方位が吉方となります。月別の吉方は毎月の運勢欄をご覧ください。

凶方

本年は五黄土星が回座する西北方位が五黄殺、反対の三碧木星が回座する東南方位が暗剣殺の大凶殺方位になります。四緑木星が中央に回座するので本命殺、本命的殺はありません。本年の十二支である卯の反対側酉の方位が歳破で大凶方位です。月別の凶方は毎月の運勢欄をご覧ください。

今年の運勢の変化と指針

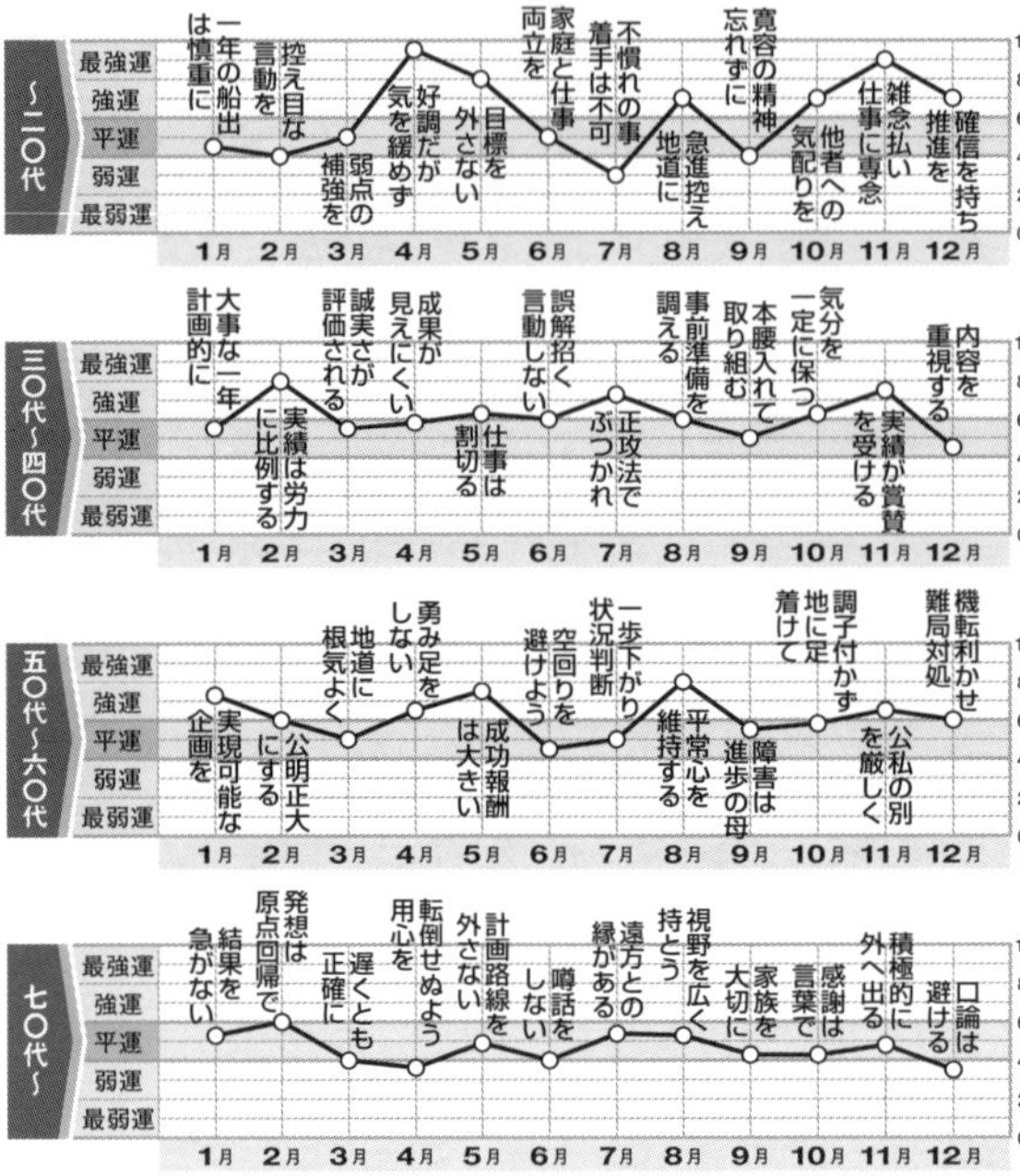

●本年のあなたは中宮《ちゅうぐう》に回座しています。良いにつけ悪いにつけ注目され、人や物が集まる機会が多くなります。良く出るか悪く出るかは去年の良否に影響されることが大きいです。忙しい年ですが、規則正しく仕事をこなし誠意を尽くすことです。自分本位になることを警戒しましょう。人や物が集まってきますので、これが真の実力と錯覚して傲慢な姿勢を取ると周囲から人が離れていきます。責務を全うする心構えで対応していけば、去年良かった人はますます向上し、去年悪かった人は業績回復に向かいます。

●一打逆転の大勝負を打ちたくなりますが、我慢しましょう。手堅く推進していくのが最善策です。他人から親切や善意を施されたら、早いうちにお礼の言動を起こしましょう。人物や情勢を的確に判断して決断を下しましょう。有利だと思って簡単に飛びつくのは危険です。心してかかりましょう。

適職　木材販売業、運送業、通信業務、観光旅行業、輸出入業者、マスコミ・マスメディア業、民芸加工業、サービス業、飲食業、アパレル産業、フリーター、スタイリスト等

年齢別１年間の運勢指針

年齢	生年	運勢指針
当歳	（令和5年　癸卯）	人は集団で生きていくものです。集団の中の自分であり子供であることを意識しましょう。
9歳	（平成26年　甲午）	頭脳だけの発達を進めるのではなく体力を鍛えることも教えましょう。
18歳	（平成17年　乙酉）	人生の進路を決めなければいけないところに差し掛かっています。好きを基準に選択肢を絞ってみましょう。
27歳	（平成8年　丙子）	自分を甘やかしてしまう傾向にあります。他人に優しく自分に厳しくして自己研鑽に励みましょう。
36歳	（昭和62年　丁卯）	あなたが中心になって動かなければいけない立場になります。目標を絞って力を集中させるのが最善策です。
45歳	（昭和53年　戊午）	新しいことを始めようとする気運が湧いてきます。慎重に計画を立てて実行に移しましょう。
54歳	（昭和44年　己酉）	人のために尽くす気持ちが吉運を招きます。人にしてあげたことはいつか必ず自分に戻ってきます。
63歳	（昭和35年　庚子）	自分の思ったことは信念を持って貫徹する気持ちで取り組みましょう。継続は力といいます。
72歳	（昭和26年　辛卯）	言動には細心の注意を払いましょう。軽率に行動せず周囲の反応を確認しながら物事を推進させましょう。
81歳	（昭和17年　壬午）	物事を自分本位に考えず、絶えず身の回りの人との協調を考えましょう。広い視野での言動を。
90歳	（昭和8年　癸酉）	家族の絆を大切にしましょう。残された人生を有意義に過ごすには家族は大事な存在です。
99歳	（大正13年　甲子）	ここへ来て少し周囲を見回す余裕ができてきたでしょう。人生の教訓を次世代に引き渡してあげましょう。

●今年の健康運

飲食に十分に気を付けましょう。肥満気味の人は十分に注意して食事をしましょう。健康体の人が多い星ですが、少しの油断が積もり積もって後悔する事態を招いてしまいます。胃腸に負担がかかりやすい星回りです。病気をすると長引き、慢性化しやすいので、初期のうちに診療を受けるのが良いです。精神的な負担も健康に影響しますので警戒してください。

●今年の金銭運

変動が激しいです。良い時と悪い時の差が大きいのです。株など投資を行なっている人は用心してかかってください。事前の調査を十分に行なったほうが良いでしょう。一般的に本年は人や物と同時に金銭も集まってきます。その金銭を当てにして詐欺師的な人物も寄ってきます。あなたが人の信頼信用を裏切ると、運気は急速に下降します。

●今年の恋愛運

運気が変わりやすいので恋愛も安定しません。今まで付き合ってきた人同士が不安定な感じになったら冷静に一歩引いて判断しましょう。一時的な場合が多いのが本年の特徴です。長い間、恋愛の相手がいなかった人も今年は周囲に人が集まってきます。逆手にとって、気になる人が現れたらアタックをかけてみましょう。

一月 運勢

一月六日小寒の節より
月命癸丑　九紫火星の月
暗剣殺　南の方位

月の初めは順調に展開していくので安心しがちです。しかし半ばを過ぎると凶殺の星が勢いを増してきます。急速に悪い影響が頭をもたげてきます。契約印は慎重に検討した上で押しましょう。交際は内容を重視し、高価な買い物は控えましょう。味方もいるけれど敵も多くいると思って、交際は注意深くしましょう。

●一月の方位

今月の吉方位	大吉→西北 中吉→東北
1月の幸運数	2、3、7
幸運色	パープル

●吉日と注意日

16	15	14	13	12	11	10	9	8	7	6	5	4	3	2	1
月	日	土	金	木	水	火	月	日	土	金	木	水	火	月	日
○	△	△	▲	△	○	◎	○	◎	○	△	△	○	◎	○	◎
	31	30	29	28	27	26	25	24	23	22	21	20	19	18	17
	火	月	日	土	金	木	水	火	月	日	土	金	木	水	火
	▲	△	○	◎	○	◎	○	△	△	▲	△	○	◎	○	◎

二月 運勢

二月四日立春の節より
月命甲寅　八白土星の月
暗剣殺　東北の方位

衰運気でも、前月のような凶殺星はないので安心して過ごせます。ただし今月は実現可能な計画を立てましょう。小さな成功を重ねることによって、将来訪れる盛運気に大きな成果を上げられるように実力を蓄えておきましょう。衰運気の時は将来に目を向けた行動が有効です。中道精神を発揮してください。

●二月の方位

今月の吉方位	大吉→庚、辛
2月の幸運数	1、2、9
幸運色	レッド

●吉日と注意日

16	15	14	13	12	11	10	9	8	7	6	5	4	3	2	1
木	水	火	月	日	土	金	木	水	火	月	日	土	金	木	水
○	◎	○	◎	○	△	△	▲	△	○	◎	○	◎	○	△	△
				28	27	26	25	24	23	22	21	20	19	18	17
				火	月	日	土	金	木	水	火	月	日	土	金
				△	▲	△	○	◎	○	◎	○	△	△	▲	△

三月 運勢

三月六日啓蟄の節より
月命乙卯　七赤金星の月
暗剣殺　西の方位

目の前に希望が広がって見えるような月です。本調子ではないのですが、条件的に悪い兆しはありません。仕事への取り組みは客観的に判断しましょう。偏った見方をすると上手くいきません。方針が定まったら、迷わないで目標に向かって突き進みましょう。真剣に取り組むと、新たな方法も湧いてくるものです。

●三月の方位

今月の吉方位	中吉→北
3月の幸運数	1、5、6
幸運色	ライトブルー

●吉日と注意日

16	15	14	13	12	11	10	9	8	7	6	5	4	3	2	1
木	水	火	月	日	土	金	木	水	火	月	日	土	金	木	水
△	○	◎	○	◎	○	△	△	▲	△	○	◎	○	◎	○	△
	31	30	29	28	27	26	25	24	23	22	21	20	19	18	17
	金	木	水	火	月	日	土	金	木	水	火	月	日	土	金
	○	◎	○	△	△	▲	△	○	◎	○	◎	○	△	△	▲

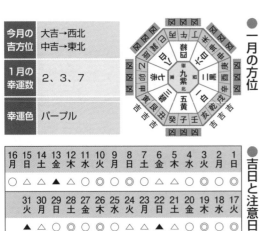

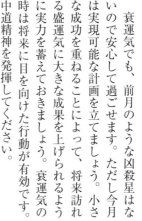

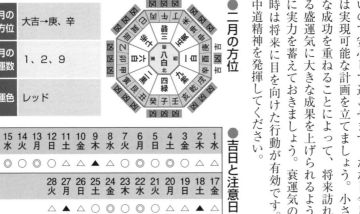

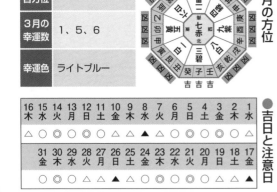

四月　運勢

四月五日清明の節より
月命丙辰　六白金星の月
暗剣殺　西北の方位

上昇運に乗ってきたところです。新たな分野に進出するのも大いに吉です。練り上げてきた企画があるなら今月は実行に移すチャンスです。不決断で好機を無にすることがないように警戒しましょう。

古いことや悪いことが問題となって出てきます。不利な状態に追い込まれたりします。冷静に対処をしましょう。

●四月の方位

今月の吉方位	大吉→南 中吉→西南 吉→東北
4月の幸運数	2、6、8
幸運色	イエロー

●吉日と注意日

16日	15土	14金	13木	12水	11火	10月	9日	8土	7金	6木	5水	4火	3月	2日	1土
○	△	△	▲	△	○	◎	○	◎	○	△	△	▲	△	○	◎
		30日	29土	28金	27木	26水	25火	24月	23日	22土	21金	20木	19水	18火	17月
		△	○	◎	○	◎	○	△	△	▲	△	○	◎	○	◎

五月　運勢

五月六日立夏の節より
月命丁巳　五黄土星の月
暗剣殺　なし

運気良好なのに突然の災厄に見舞われます。障害も想定した計画実行を心掛けましょう。継続してきたことは引き続き計画通りに進めていけば良いですが、新規計画は障害が起きやすいです。大きなプロジェクトは延ばすほうが良策です。

音楽関係に携わる人は新規より手慣れた企画を実行するほうが無難に進みます。

●五月の方位

今月の吉方位	大吉→北 中吉→東 吉→南
5月の幸運数	3、4、8
幸運色	エメラルドグリーン

●吉日と注意日

16火	15月	14日	13土	12金	11木	10水	9火	8月	7日	6土	5金	4木	3水	2火	1月
◎	○	◎	○	△	△	▲	△	○	◎	○	◎	○	△	△	▲
	31水	30火	29月	28日	27土	26金	25木	24水	23火	22月	21日	20土	19金	18木	17水
	○	△	△	▲	△	○	◎	○	◎	○	△	△	▲	△	○

六月　運勢

六月六日芒種の節より
月命戊午　四緑木星の月
暗剣殺　東南の方位

周囲に人が集まってきます。人間関係が雑多になり、まとめていくのが大変ですが、上手く調整をしていきましょう。手腕を発揮できると信用度が増します。過去の夢を追いがちになりますが、現実を直視して有効な手段を講じていきましょう。決断に迷う場面では、初期計画に戻って目標の焦点を絞りましょう。

●六月の方位

今月の吉方位	大吉→西南 吉→壬、癸
6月の幸運数	3、5、8
幸運色	ホワイト

●吉日と注意日

16金	15木	14水	13火	12月	11日	10土	9金	8木	7水	6火	5月	4日	3土	2金	1木
△	▲	△	○	◎	○	◎	○	△	△	▲	△	○	◎	○	◎
		30金	29木	28水	27火	26月	25日	24土	23金	22木	21水	20火	19月	18日	17土
		◎	○	◎	○	△	△	▲	△	○	◎	○	◎	○	△

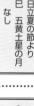

七月 運勢

七月七日小暑の節より
月命己未　三碧木星の月
暗剣殺　東の方位

意欲が湧いて積極的に行動を起こしたくなります。目的をはっきりさせて行動を開始しましょう。曖昧なまま走り出しては、自分の目指していることから大きく離脱してしまう恐れがあります。

自制心も必要な時です。正しい努力であるなら追い風に押されて楽に進むことができ、良好な結果を得られます。

●七月の方位

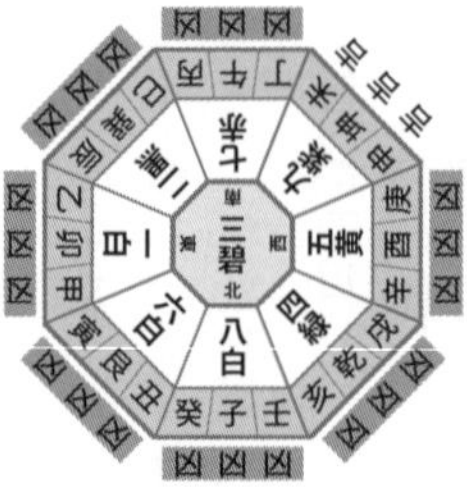

今月の吉方位	吉→西南
7月の幸運数	4、5、7
幸運色	ホワイトゴールド

●吉日と注意日

16日	15土	14金	13木	12水	11火	10月	9日	8土	7金	6木	5水	4火	3月	2日	1土
△	▲	△	△	○	◎	○	◎	○	△	▲	△	△	▲	△	○
	31月	30日	29土	28金	27木	26水	25火	24月	23日	22土	21金	20木	19水	18火	17月
	△	○	◎	○	◎	○	△	▲	△	△	○	◎	○	◎	○

八月 運勢

八月八日立秋の節より
月命庚申　二黒土星の月
暗剣殺　西南の方位

社交上手になり、交友関係が広がります。調和のとれた穏やかな対応が好感を招きます。人脈の広がりは思わぬ仕事の広がりとなって業績も上昇します。上司の受けも良くなります。家庭が疎かになりますので自分なりの工夫をしましょう。独身者も私的生活を疎かにしないで人生を楽しむようにしましょう。

●八月の方位

今月の吉方位	なし
8月の幸運数	1、4、9
幸運色	レッド

●吉日と注意日

16水	15火	14月	13日	12土	11金	10木	9水	8火	7月	6日	5土	4金	3木	2水	1火
◎	○	◎	○	△	▲	△	△	○	◎	○	◎	○	△	▲	△
	31木	30水	29火	28月	27日	26土	25金	24木	23水	22火	21月	20日	19土	18金	17木
	○	△	▲	△	△	○	◎	○	◎	○	△	▲	△	△	○

九月 運勢

九月八日白露の節より
月命辛酉　一白水星の月
暗剣殺　北の方位

今月は、日頃の考え方で運が良くなったり悪くなったりします。志が正しければ仕事も良好に推移して金運も良くなります。心に邪な考えが存在すると一気に悪くなります。常に良心に恥じない行動を心掛けましょう。これはと思う事案には真摯な気持ちでぶつかりましょう。必ず良好を得ることができるはずです。

●九月の方位

今月の吉方位	中吉→西
9月の幸運数	2、4、9
幸運色	ブルー

●吉日と注意日

16土	15金	14木	13水	12火	11月	10日	9土	8金	7木	6水	5火	4月	3日	2土	1金
▲	△	△	○	◎	○	◎	○	△	▲	△	△	○	◎	○	◎
		30土	29金	28木	27水	26火	25月	24日	23土	22金	21木	20水	19火	18月	17日
		◎	○	◎	○	△	▲	△	△	○	◎	○	◎	○	△

十月　運勢

十月八日寒露の節より
月命壬戌　九紫火星の月
暗剣殺　南の方位

今月はやる気があっても何かと苦労が多く、努力の割には実入りが少ないと感じるでしょう。不意の災難が起きる暗示もあり油断ができません。新規のことは避け、今まで手掛けてきたことを掘り下げるようにしましょう。実力以上のものへの挑戦は控えたほうが良いです。十分警戒しても厄害のあるのが今月なのです。

●十月の方位

今月の吉方位	中吉→東北
10月の幸運数	5、7、0
幸運色	ブラック

●吉日と注意日

16 月	15 日	14 土	13 金	12 木	11 水	10 火	9 月	8 日	7 土	6 金	5 木	4 水	3 火	2 月	1 日
◎	○	△	▲	△	△	○	◎	○	◎	○	△	▲	△	△	○
	31 火	30 月	29 日	28 土	27 金	26 木	25 水	24 火	23 月	22 日	21 土	20 金	19 木	18 水	17 火
	▲	△	△	○	◎	○	◎	○	△	▲	△	△	○	◎	○

十一月　運勢

十一月八日立冬の節より
月命癸亥　八白土星の月
暗剣殺　東北の方位

弱運気で、気持ちを奮い立たせるのが難しい月です。無理せず現状維持を心掛けると気持ちが楽になります。失敗しても前向きな姿勢だけは忘れないようにしましょう。自己修養を怠らず今後の盛運を信じましょう。消極的でも現在の目前の案件を無難に処理することだけを考えて歩んでいきましょう。

●十一月の方位

今月の吉方位	大吉→庚、辛
11月の幸運数	2、3、7
幸運色	パープル

●吉日と注意日

16 木	15 水	14 火	13 月	12 日	11 土	10 金	9 木	8 水	7 火	6 月	5 日	4 土	3 金	2 木	1 水
△	○	◎	○	◎	○	△	▲	△	△	○	◎	○	◎	○	△
		30 木	29 水	28 火	27 月	26 日	25 土	24 金	23 木	22 水	21 火	20 月	19 日	18 土	17 金
		◎	○	△	▲	△	△	○	◎	○	◎	○	△	▲	△

十二月　運勢

十二月七日大雪の節より
月命甲子　七赤金星の月
暗剣殺　西の方位

今月は上昇機運の入口に立っています。完全な盛運ではありませんが、衰運気は脱しました。場当たり的な対処をせず、先行きの盛運気に成すべきことの準備として計画、知識、戦略などを考え、本年を有意義に終えられるように研鑽しましょう。年内に完了させるべきことの遺漏がないように進めていきましょう。

●十二月の方位

今月の吉方位	中吉→北
12月の幸運数	1、3、9
幸運色	コバルトブルー

●吉日と注意日

16 土	15 金	14 木	13 水	12 火	11 月	10 日	9 土	8 金	7 木	6 水	5 火	4 月	3 日	2 土	1 金
△	▲	△	△	○	◎	○	◎	○	△	▲	△	△	○	◎	○
	31 日	30 土	29 金	28 木	27 水	26 火	25 月	24 日	23 土	22 金	21 木	20 水	19 火	18 月	17 日
	△	○	◎	○	◎	○	△	▲	△	△	○	○	○	◎	○

五黄土星《ごおうどせい》

○ 熟成期

方位吉凶図

吉方

本年は相生する二黒土星が回座する東方位、八白土星が回座する南方位、九紫火星が回座する北方位、七赤金星が回座する東北方位、六白金星が回座する西方位の内庚方位、辛方位が吉方となります。月別の吉方は毎月の運勢欄をご覧ください。

凶方

本年は五黄土星が回座する西北方位が五黄殺、反対側の三碧木星が回座する東南方位が暗剣殺方位の大凶方位になります。五黄土星が回座する西北方位が本命殺、反対側の三碧木星が回座する東南方位が本命的殺方位で五黄殺、暗剣殺と重なる大凶方位になります。本年の十二支である卯の反対側、酉の方位が歳破で大凶方位です。月別の凶方は毎月の運勢欄をご覧ください。

今年の運勢の変化と指針

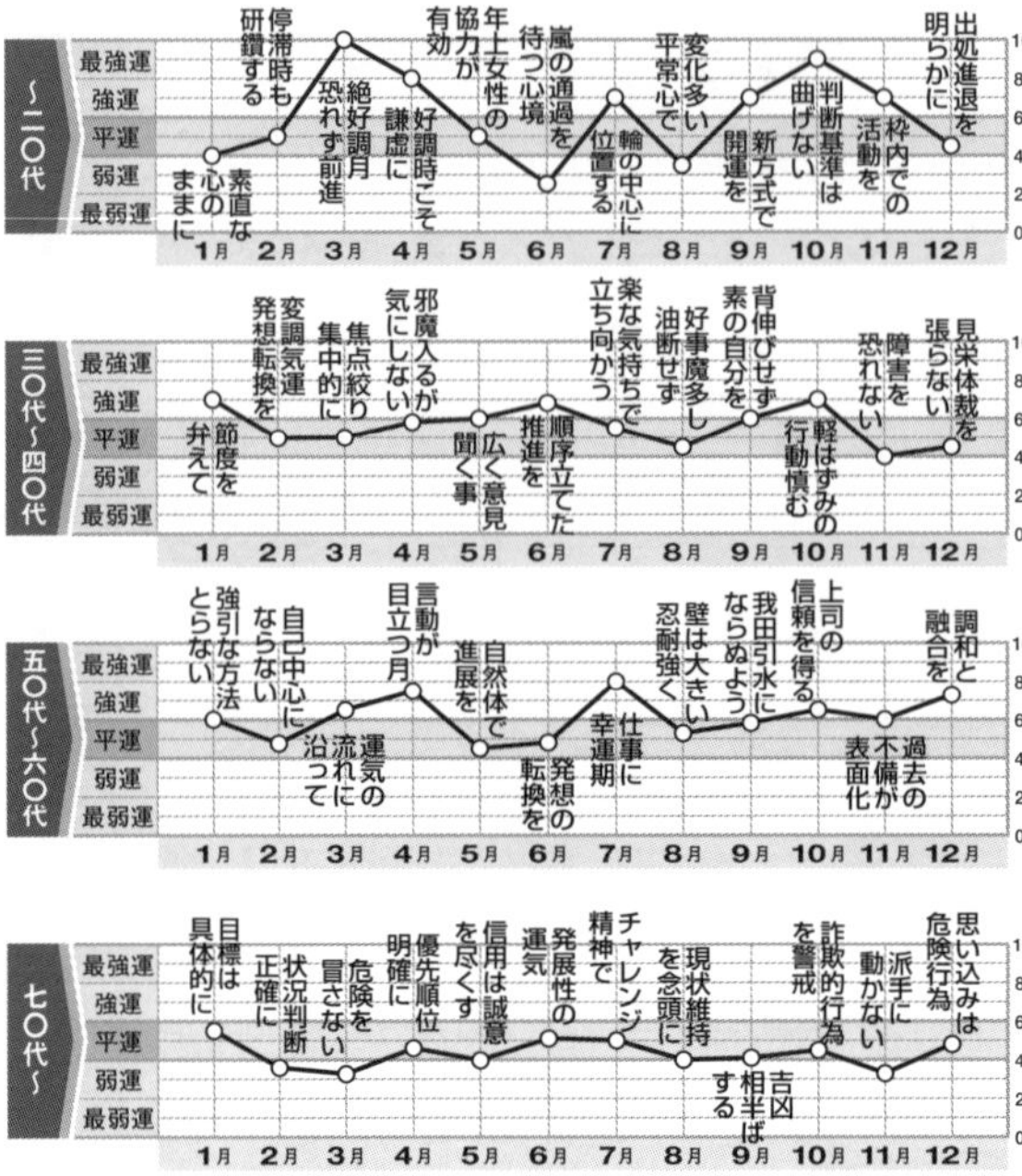

●本年のあなたの本命星は乾宮《けんきゅう》に回座します。この星回りは仕事運をつかさどり、昇進の好機でもあります。仕事が忙しくなります。場合によっては私事を犠牲にしなければならないこともあるかも知れません。仕事の遅れは好むと好まざるとにかかわらず信用問題に発展します。忙しさが極まると自我の強い性質のあなたは独断専行型に陥りがちです。できる限り周囲と話し合い、調和を保ちながら進めていきましょう。事前の手順や組み立てをしておくと効率の良い作業ができるでしょう。付け焼き刃の対処では失敗損失を招くリスクが高くなります。

●子供の問題が起きる兆候があります。きちんと話をしましょう。問題を先延ばしにするのは一番悪いやり方です。早く、真剣に対応するのが良いのです。

●この星生まれの人は実力もあるのですが自信過剰気味の人が見受けられます。謙虚に過ごせば安泰に過ごせることを念頭に起きましょう。

適職

政治家、宗教家、教育家、評論家、金融業、公務員、裁判官、土建業、自衛官、刑務官、医師、オークション業、葬儀社、解体業、プログラマー等

年齢別1年間の運勢指針

年齢	運勢指針
1歳（令和4年 壬寅）	神経質にならず、おおらかな気持ちで育てるのがこの星生まれの子供には適しています。
10歳（平成25年 癸巳）	遊びに大きく興味を引かれます。遊びの時間と勉強の時間を明確に分けて考えると秩序が保たれます。
19歳（平成16年 甲申）	不本意な年になりそうです。不調の時にどのように対処をすれば良いかを学ぶチャンスです。
28歳（平成7年 乙亥）	仕事は絶好調な年です。自信を持ってどんどん前に進みましょう。口うるさい先輩は頼りになる人です。
37歳（昭和61年 丙寅）	周囲との和を大事にして独断専行をしないように自制をしてください。
46歳（昭和52年 丁巳）	順調に進んでいきますが、気を緩めると突然の障害で道をふさがれます。覚悟があれば、脱却できます。
55歳（昭和43年 戊申）	小手先のやり方では相手から敬遠されます。身を入れて誠実に取り組むことが大切です。
64歳（昭和34年 己亥）	世間はまだあなたを必要としている様子です。経験知識を生かして世のため人のために尽くしましょう。
73歳（昭和25年 庚寅）	人の和を得られやすい人徳があるあなたです。引退して家に閉じこもることなく外に出て活動しましょう。
82歳（昭和16年 辛巳）	人に求められているうちはそれに応えるべく努力をしてみましょう。人生の活力を得られるものです。
91歳（昭和7年 壬申）	あなたの器用さを生かした趣味を楽しみましょう。一緒に何かを行うことは脳細胞の活性化に有効です。
100歳（大正12年 癸亥）	百歳以上の老人が万単位で存在する時代です。まだ頑張れるという気持ちで前向きにいきましょう。

●今年の健康運

本年は循環器系、呼吸器、消化器、神経系疾患に気を付けましょう。日頃の食事に注意をして栄養が偏らないように注意してください。身体に変調を感じたら受診を急ぎましょう。また休息を十分にとることも身を守るためには必要です。疲労が蓄積すると過労に変わり、種々の疾患をもたらします。循環器系のなかでも心臓への負担が多い年です。

●今年の金銭運

本年の金銭運は良好です。見栄を張らず平常心で進みましょう。経済的な収支計算を疎かにしがちですので、気持ちを引き締めて取り掛かりましょう。特に貴金属を取り扱っている人は好調です。金運も上昇します。資本家の援助も受けやすい時です。反対に頼りにされることもあります。人の面倒を見ると運気は上昇しますが不相応な援助はマイナスです。

●今年の恋愛運

仕事から恋愛に発展する場面があるかも知れません。女性の場合は話が出たら迷わず進めましょう。男性の場合は、仕事を通じての女性は仕事に一筋な人かも知れません。じっくりと見極めてから進めましょう。相手の気持ちを大切にして尊重し合えば、良い関係になります。相手を思いやるという最低限の努力なくしての恋愛成就はないでしょう。

一月 運勢

一月六日小寒の節より
月命癸丑　九紫火星の月
暗剣殺　南の方位

思うように物事が進まず不調のどん底に陥ったような気持ちになります。最弱運気です。今月は焦らず手持ちの責務を確実に処理することだけを考えましょう。辛抱強く上昇運を待ちましょう。投げやりな態度をとらず、周囲との摩擦を起こさないようにしてください。優しい穏やかな顔が周囲の調和を呼びます。

●一月の方位

今月の吉方位	中吉→東南、西 吉→東、坤
1月の幸運数	1、6、7
幸運色	ライトブルー

●吉日と注意日

1日	2月	3火	4水	5木	6金	7土	8日	9月	10火	11水	12木	13金	14土	15日	16月
○	◎	○	△	○	○	△	○	◎	○	◎	○	△	▲	○	△

17火	18水	19木	20金	21土	22日	23月	24火	25水	26木	27金	28土	29日	30月	31火
○	◎	○	◎	○	△	▲	○	△	○	◎	○	◎	○	△

二月 運勢

二月四日立春の節より
月命甲寅　八白土星の月
暗剣殺　東北の方位

好転の兆しがあります。しかし完全復活とはいきません。月の破れという凶神が居座っているのです。意欲はあるのですが派手な行動は控えましょう。特に目下に関する問題、土地に関する問題などで頭を悩ませることがあります。真剣に向き合い、解決に尽力しましょう。やる気力を失くさないことが重要です。

●二月の方位

今月の吉方位	吉→東
2月の幸運数	1、3、9
幸運色	ブルー

●吉日と注意日

1水	2木	3金	4土	5日	6月	7火	8水	9木	10金	11土	12日	13月	14火	15水	16木
▲	○	△	○	◎	○	◎	○	△	▲	○	△	○	◎	○	◎

17金	18土	19日	20月	21火	22水	23木	24金	25土	26日	27月	28火
○	△	▲	○	△	○	◎	○	◎	○	△	▲

三月 運勢

三月六日啓蟄の節より
月命乙卯　七赤金星の月
暗剣殺　西の方位

目の前がパッと開けたような気運があります。万事好調に進みます。目的に向かって自信を持って邁進しましょう。じっくりと安全確実を重視していきましょう。堅実に対処すれば良好な結果はついてきます。蓄財する金運が付いています。新たな仕事の話が出ることもあります。有利と決断したら実行に移しましょう。

●三月の方位

今月の吉方位	中吉→南
3月の幸運数	2、5、8
幸運色	ブラック

●吉日と注意日

1水	2木	3金	4土	5日	6月	7火	8水	9木	10金	11土	12日	13月	14火	15水	16木
○	△	○	◎	○	◎	○	△	▲	○	△	○	◎	○	◎	○

17金	18土	19日	20月	21火	22水	23木	24金	25土	26日	27月	28火	29水	30木	31金
△	▲	○	△	○	◎	○	◎	○	△	▲	○	△	○	◎

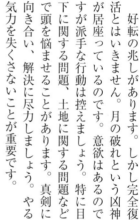

四月　運勢

四月五日清明の節より
月命丙辰　六白金星の月
暗剣殺　西北の方位

運気旺盛ながら他者の反対が入ることがあります。事前の根回しが重要になります。気力あふれている時こそ謙虚に周囲への気配りを大事にすることです。現状把握を正確にしながら前進するなら、実力を十分に発揮することができます。責任ある地位に就くこともあります。重圧に耐える精神力を磨いておきましょう。

●四月の方位

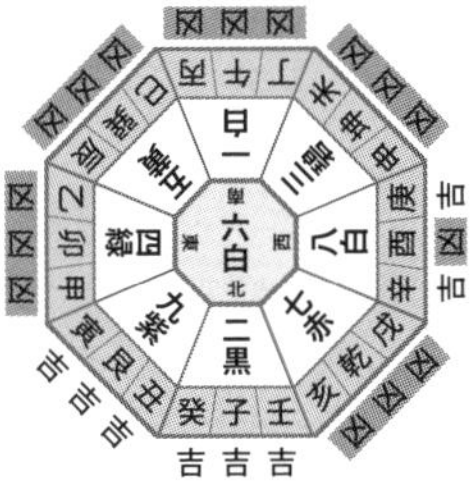

今月の吉方位	大吉→東北 中吉→北、庚、辛
4月の幸運数	3、4、8
幸運色	レッド

●吉日と注意日

16 日	15 土	14 金	13 木	12 水	11 火	10 月	9 日	8 土	7 金	6 木	5 水	4 火	3 月	2 日	1 土
△	○	▲	△	○	◎	○	◎	○	△	○	▲	△	○	◎	○
	30 日	29 土	28 金	27 木	26 水	25 火	24 月	23 日	22 土	21 金	20 木	19 水	18 火	17 月
	○	◎	○	◎	○	△	○	▲	△	○	◎	○	◎	○

五月　運勢

五月六日立夏の節より
月命丁巳　五黄土星の月
暗剣殺　なし

公私の問題が入り乱れて入ってきます。問題の重要度を判断して重要課題から順番に処理をしていきましょう。物事の軽重を並べてみれば案外スムーズに対応できるでしょう。方向性を常に確認しながら進めましょう。最終目標さえ見失わなければ順調に進んでいきます。中途半端で終わらせるのが一番良くないです。

●五月の方位

今月の吉方位	大吉→南 中吉→東北、西南 吉→庚、辛
5月の幸運数	3、6、7
幸運色	グリーン

●吉日と注意日

16 火	15 月	14 日	13 土	12 金	11 木	10 水	9 火	8 月	7 日	6 土	5 金	4 木	3 水	2 火	1 月
○	◎	○	△	○	▲	△	○	◎	○	◎	○	△	○	▲	△
	31 水	30 火	29 月	28 日	27 土	26 金	25 木	24 水	23 火	22 月	21 日	20 土	19 金	18 木	17 水
	△	○	▲	△	○	◎	○	◎	○	△	○	▲	△	○	◎

六月　運勢

六月六日芒種の節より
月命戊午　四緑木星の月
暗剣殺　東南の方位

仕事一筋に奮闘するべき月です。仕事にツキがあります。目に見えない力が作用して、比較的大きな結果を出すことができます。気を付けなければいけないのは、強気な言動が摩擦を起こして仲間内の関係が悪化してしまうことです。言動には注意を払い、相手を尊重する気持ちを忘れないようにしましょう。

●六月の方位

今月の吉方位	大吉→壬、癸 中吉→東、南 吉→東北、庚、辛
6月の幸運数	4、5、9
幸運色	ゴールド

●吉日と注意日

16 金	15 木	14 水	13 火	12 月	11 日	10 土	9 金	8 木	7 水	6 火	5 月	4 日	3 土	2 金	1 木
▲	△	○	◎	○	◎	○	△	○	▲	△	○	◎	○	◎	○
	30 金	29 木	28 水	27 火	26 月	25 日	24 土	23 金	22 木	21 水	20 火	19 月	18 日	17 土
	○	◎	○	△	○	▲	△	○	◎	○	◎	○	△	○

七月 運勢

七月七日小暑の節より
月命己未　三碧木星の月
暗剣殺　東の方位

努力してきたことが実を結ぶ吉月です。物心共に充実するでしょう。精神的にも落ち着いて余裕を感じられます。金運も社会運も上々です。気持ちが緩み、人への礼儀が疎かになりがちです。謙譲の美徳と節度を守って過ごしましょう。

金銭の出入りには注意を払い、後悔するような衝動買いは厳に慎みましょう。

●七月の方位

今月の吉方位	大吉→西南 中吉→北 吉→南、寅、艮
7月の幸運数	1、4、9
幸運色	チャコールグレー

●吉日と注意日

16日	15土	14金	13木	12水	11火	10月	9日	8土	7金	6木	5水	4火	3月	2日	1土
○	△	▲	○	△	○	◎	○	◎	○	△	▲	▲	△	○	◎
	31月	30日	29土	28金	27木	26水	25火	24月	23日	22土	21金	20木	19水	18火	17月
	○	△	○	◎	○	◎	○	△	▲	○	△	○	◎	○	◎

八月 運勢

八月八日立秋の節より
月命庚申　二黒土星の月
暗剣殺　西南の方位

今月は不言実行に徹するのが良いです。地道で確実な行動計画を実践しましょう。困った時は信頼できる第三者に相談するのがよいでしょう。

いつもと違う方向に気持ちが動きますが、今月は新規のことより手慣れた作業をこなしていくのが吉運です。自己鍛錬には良い月です。心身を鍛えましょう。

●八月の方位

今月の吉方位	大吉→東 吉→北、南
8月の幸運数	2、4、9
幸運色	オレンジ

●吉日と注意日

16水	15火	14月	13日	12土	11金	10木	9水	8火	7月	6日	5土	4金	3木	2水	1火
○	◎	○	◎	○	△	▲	○	△	○	◎	○	◎	○	△	▲
	31木	30水	29火	28月	27日	26土	25金	24木	23水	22火	21月	20日	19土	18金	17木
	◎	○	△	▲	○	△	○	◎	○	◎	○	△	▲	○	△

九月 運勢

九月八日白露の節より
月命辛酉　一白水星の月
暗剣殺　北の方位

派手さはないけれど恵みを受けられる月です。出だしはゆっくりですが、徐々に加速がつきます。適切な判断ができなくなると危険です。いったん立ち止まり、あたりを見回して現状把握をすることが必要です。くれぐれもブレーキとアクセルを踏み間違えないでください。過ぎては吉運も悪運に変わってしまいます。

●九月の方位

今月の吉方位	中吉→甲、乙 吉→西南
9月の幸運数	5、7、0
幸運色	ホワイト

●吉日と注意日

16土	15金	14木	13水	12火	11月	10日	9土	8金	7木	6水	5火	4月	3日	2土	1金
△	▲	○	△	○	◎	○	◎	○	△	▲	○	△	○	◎	○
		30土	29金	28木	27水	26火	25月	24日	23土	22金	21木	20水	19火	18月	17日
		○	◎	○	◎	○	△	▲	○	△	○	◎	○	◎	○

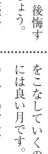

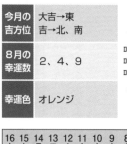

十月 運勢

十月八日寒露の節より
月命壬戌　九紫火星の月
暗剣殺　南の方位

今月は、悪くなる人とそれほど影響のない人とに分かれるようです。感情的になり、やみくもに自己主張ばかりをすると行き先をふさがれ、運命に進展がなくなります。柔軟で誠実な生き方が必要です。そうすれば周囲の人が手を差し伸べ助けてくれるものです。自己研鑽に励み、難関を切り抜けられるようにしましょう。

●十月の方位

今月の吉方位	中吉→庚、辛 吉→東、西南
10月の幸運数	2、3、7
幸運色	パープル

●吉日と注意日

1日	2月	3火	4水	5木	6金	7土	8日	9月	10火	11水	12木	13金	14土	15日	16月
△	○	▲	△	○	◎	○	◎	○	△	○	▲	△	○	◎	○

17火	18水	19木	20金	21土	22日	23月	24火	25水	26木	27金	28土	29日	30月	31火
◎	○	△	○	▲	△	○	◎	○	◎	○	△	○	▲	△

十一月 運勢

十一月八日立冬の節より
月命癸亥　八白土星の月
暗剣殺　東北の方位

真面目に働こうとする気が強くなります。全力を出し切る覚悟で事に当たりましょう。忍耐強く目標への道を切り開いていきましょう。知識と今までの経験を生かして進んでいけば、予想以上の成果を上げられます。新たな出会いから有利な展開があるかも知れません。身近なところにチャンスの糸口があります。

●十一月の方位

今月の吉方位	吉→東
11月の幸運数	1、6、7
幸運色	マリンブルー

●吉日と注意日

1水	2木	3金	4土	5日	6月	7火	8水	9木	10金	11土	12日	13月	14火	15水	16木
○	◎	○	◎	○	△	○	▲	△	○	◎	○	◎	○	△	○

17金	18土	19日	20月	21火	22水	23木	24金	25土	26日	27月	28火	29水	30木
▲	△	○	◎	○	◎	○	△	○	▲	△	○	◎	○

十二月 運勢

十二月七日大雪の節より
月命甲子　七赤金星の月
暗剣殺　西の方位

上昇運気の月ですが、今月は手堅くまとめるのが良いです。実力が十分に発揮され好結果を手中にすることができます。万事に偏った判断をせず、公平な目で見ましょう。長期的な視野に立ち、周囲の意見も聞くようにしましょう。そして仕事に私情を挟まず、公私の区別は明確にするのが大切です。

●十二月の方位

今月の吉方位	中吉→丙、丁
12月の幸運数	2、5、8
幸運色	クリスタルホワイト

●吉日と注意日

1金	2土	3日	4月	5火	6水	7木	8金	9土	10日	11月	12火	13水	14木	15金	16土
◎	○	△	○	▲	△	○	◎	○	◎	○	△	○	▲	△	○

17日	18月	19火	20水	21木	22金	23土	24日	25月	26火	27水	28木	29金	30土	31日
◎	○	◎	○	△	○	▲	△	○	◎	○	◎	○	△	○

六白金星《ろっぱくきんせい》

○ 収穫期

方位吉凶図

吉方

本年は相生する八白土星が回座する南方位、一白水星が回座する西南方位、七赤金星が回座する東北方位が吉方となります。月別の吉方は毎月の運勢欄をご覧ください。

凶方

本年は五黄土星が回座する西北方位が五黄殺、反対側の三碧木星が回座する東南方位が暗剣殺の大凶方位となります。六白金星が回座する西方位が本命殺、二黒土星が回座する東方位が本命的殺の大凶方位になります。本年の十二支である卯の反対側、西の方位が歳破で大凶方位です。月別の凶方は毎月の運勢欄をご覧ください。

今年の運勢の変化と指針

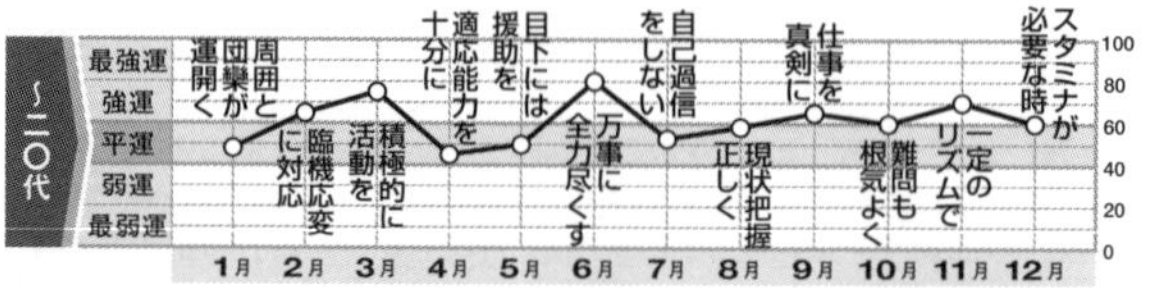

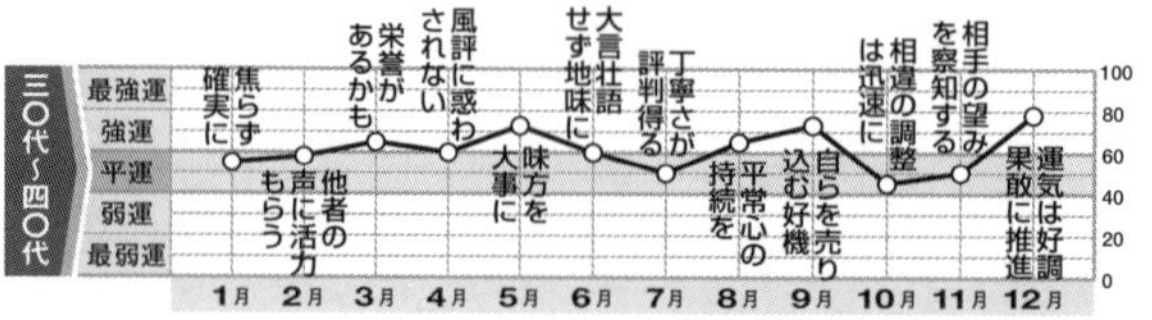

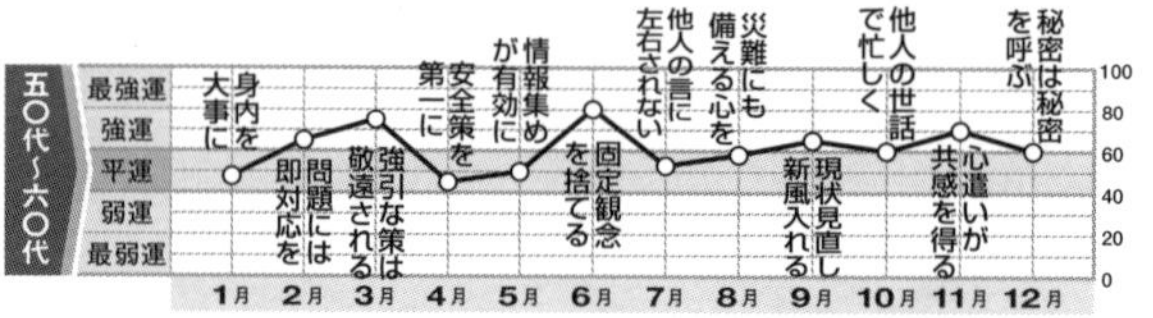

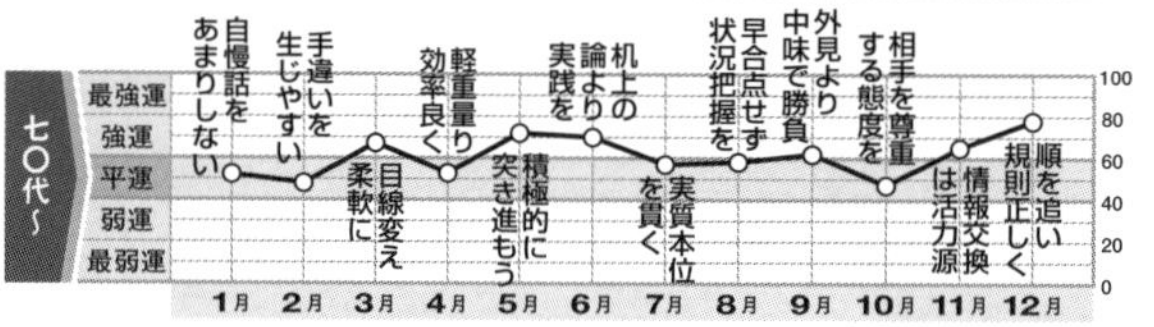

●本年あなたの本命星は西の兌宮《だきゅう》に回座します。努力してきたそれなりの成果を手にする人と期待外れに終わる人の差が大きく出ます。なぜならばこの星回りは遊興の宮に突入しているのです。その雰囲気にのまれて遊興に明け暮れてしまった人は、出費多くして得るところが少なくなります。堅実に進めてきた人は順調に一年を終えることができます。

●後半は運気が衰運に向かいます。大事な案件や問題は前半に済ませるように計画を組むと良いです。好機と見たら積極的に取り組み、早急に結論を導き出すのが吉策です。能動的に働きかけるほうが出来高を大きくします。

●問題の先延ばしは避けましょう。前述のように後半は衰運に向かいます。衰運気の重荷がかえって倍増してのしかかってきます。運気活発のうちにクリアしておくのが賢明です。

●歯を傷めないように早目の治療をしましょう。

適職

政治家、法律家、航空機関係業、自動車関係業、証券取引業、貴金属店、レストラン業、鑑定業、ガードマン、スポーツ用品業、ミシン業、ジャーナリスト、飛行機客室乗務員等

年齢別１年間の運勢指針

年齢	生年	干支	運勢
2歳	令和3年	辛丑	親の気持ちはそのまま子供に伝わります。わがままでは大きくなった時に苦労します。
11歳	平成24年	壬辰	過大な期待を背負わせて子供の負担にならないように注意しましょう。その子の好きを尊重しましょう。
20歳	平成15年	癸未	大事なのはこれからです。自分の才能が一番喜び伸ばせることを探しましょう。
29歳	平成6年	甲戌	着実に前進するには自己の才能の研鑽を怠らないこと。少し先の将来を見据えながら仕事に邁進しましょう。
38歳	昭和60年	乙丑	初めは調子良く進んだかと思うと不調の波が来そうな一年。特に後半に重要課題を持ち越すのは不可です。
47歳	昭和51年	丙辰	仕事に集中をしましょう。自分に関係のない問題には口を差し挟まないほうが無難です。
56歳	昭和42年	丁未	重要な位置にいます。過去に積んできた経験知識人脈をフル活用して難局を乗り越えていきましょう。
65歳	昭和33年	戊戌	目覚めたように新たな挑戦に関心が向いています。秘密裏に進めずオープンにして進めるのが得策です。
74歳	昭和24年	己丑	一人で生きてきたと思われるかも知れませんが、協調と調和を心掛けましょう。心を開いて進みましょう。
83歳	昭和15年	庚辰	自分で人生を切り開いてきたと自認するあなた。社会に貢献できるうちは全力を尽くして動きましょう。
92歳	昭和6年	辛未	人生の体験を後輩に伝える気持ちで話をしてあげましょう。聞いてよかったという人が必ずいるはずです。
101歳	大正11年	壬戌	百歳を超えて一年間頑張ってきた証があります。人との交流は大切な命の根源を成すものです。

●今年の健康運

本年は会食、旅行、娯楽などで外に出る機会が多くなるので健康運は要注意です。飲食の機会が増えるので、過食に注意をしましょう。レジャーでの事故にも気を配りましょう。解放感の裏に危機が潜んでいるものです。気候の変化に身体がついていけないことから疾病を引き起こします。肉体に疲労を溜めこまないように注意をしましょう。

●今年の金銭運

金銭運は大変良い年です。必要な金銭が何となく調達できてしまうラッキーな年です。使い過ぎには十分注意をしましょう。収支バランスを十分に考えた行動をとりましょう。仕事で借り入れを望んでいる人には今年は調達が上手く運べる年になります。サービス業に携わっている人には忙しくなる兆候があります。

●今年の恋愛運

未婚の男女には恋愛や結婚のチャンスの話がある年です。本年はお見合いより恋愛が良いようです。男女の会合には積極的に参加を試みましょう。受け身にならず能動的に動いてみるのが恋愛にも吉運です。行楽を機に生涯を共にする異性がいるかも知れません。今まで恋愛を育んできたカップルには結婚の好機です。

一月 運勢

一月六日小寒の節より
月命癸丑　九紫火星の月
暗剣殺　南の方位

運気は少し上向いてきた状態です。今までの努力が土台となって今月の成果が期待できるのです。先月諦めてしまった人は、今月は自分の努力もさることながら部下の協力を得て復活することができます。目下への面倒見の良いあなたならではの良好な結果を得ることができます。立場を考え物事を広角的に見ましょう。

●一月の方位

今月の吉方位	大吉→東南、西 中吉→東 吉→西北
1月の幸運数	5、7、8
幸運色	ブラック

●吉日と注意日

16 月	15 日	14 土	13 金	12 木	11 水	10 火	9 月	8 日	7 土	6 金	5 木	4 水	3 火	2 月	1 日
○	▲	△	○	◎	○	◎	○	△	○	▲	▲	○	△	○	◎
	31 火	30 月	29 日	28 土	27 金	26 木	25 水	24 火	23 月	22 日	21 土	20 金	19 木	18 水	17 火
	○	◎	○	◎	○	△	○	▲	△	○	◎	○	◎	○	△

二月 運勢

二月四日立春の節より
月命甲寅　八白土星の月
暗剣殺　東北の方位

充実した月になります。年配者の後押しもあり、堅調な時間を過ごせる時です。新規の計画があれば早く実行に移しましょう。今まで継続してきたことがあればギアを入れて一層の力を注入すれば、成果は大きく出ます。仕事にかまけて家庭が疎かになります。両立させるには家族とよく話し合いをしておくのが賢明です。

●二月の方位

今月の吉方位	なし
2月の幸運数	2、6、9
幸運色	イエロー

●吉日と注意日

16 木	15 水	14 火	13 月	12 日	11 土	10 金	9 木	8 水	7 火	6 月	5 日	4 土	3 金	2 木	1 水
○	◎	○	△	○	▲	△	○	◎	○	◎	○	△	○	▲	△
				28 火	27 月	26 日	25 土	24 金	23 木	22 水	21 火	20 月	19 日	18 土	17 金
				△	○	◎	○	◎	○	△	○	▲	△	○	◎

三月 運勢

三月六日啓蟄の節より
月命乙卯　七赤金星の月
暗剣殺　西の方位

盛運期ですが、油断をすると足をすくわれます。常に緊張感を保ち、凶殺運を近づけないようにしましょう。取引は細部まで目を通し、相手の話す言葉を注意深く聞き取りましょう。適切でないと判断した時は相手に真意を追及しましょう。八方に気を配り、邪魔なものは排除して、まっすぐに進みましょう。

●三月の方位

今月の吉方位	大吉→南 吉→東北
3月の幸運数	3、4、8
幸運色	エメラルドグリーン

●吉日と注意日

16 木	15 水	14 火	13 月	12 日	11 土	10 金	9 木	8 水	7 火	6 月	5 日	4 土	3 金	2 木	1 水
◎	○	◎	○	△	○	▲	△	○	◎	○	◎	○	△	○	▲
	31 金	30 木	29 水	28 火	27 月	26 日	25 土	24 金	23 木	22 水	21 火	20 月	19 日	18 土	17 金
	○	△	○	▲	△	○	◎	○	◎	○	△	○	▲	△	○

四月 運勢

四月五日清明の節より
月命丙辰　六白金星の月
暗剣殺　西北の方位

吉凶が分かれるところです。身内同士の争いは決してしないように注意をしましょう。雑用で忙しくしているうちに本題から逸れてしまうことがあります。常に目標を念頭に置き、軌道がずれていないかを確認しながら前進しましょう。

決断の時期を逃してしまうことがあります。成就することも敗れてしまいます。

●四月の方位

今月の吉方位	大吉→北、庚、辛 吉→南
4月の幸運数	1、5、8
幸運色	グリーン

●吉日と注意日

1土	2日	3月	4火	5水	6木	7金	8土	9日	10月	11火	12水	13木	14金	15土	16日
◎	○	◎	○	△	▲	○	△	○	◎	○	◎	○	△	▲	○

17月	18火	19水	20木	21金	22土	23日	24月	25火	26水	27木	28金	29土	30日
△	○	◎	○	◎	○	△	▲	○	△	○	◎	○	◎

五月 運勢

五月六日立夏の節より
月命丁巳　五黄土星の月
暗剣殺　なし

勢いがありますが、やり過ぎないように警戒しましょう。他者の領域に口を挟まないようにしてください。たとえ良かれと思ってしたことでも、相手は善意には取らない場合があるものです。

出先での盗難やトラブルに注意をしましょう。危険を察知したら、その場を素早く離れましょう。

●五月の方位

今月の吉方位	大吉→東北、西南 中吉→庚、辛 吉→北
5月の幸運数	5、6、7
幸運色	ゴールド

●吉日と注意日

1月	2火	3水	4木	5金	6土	7日	8月	9火	10水	11木	12金	13土	14日	15月	16火
○	△	▲	○	△	○	◎	○	◎	○	△	▲	○	△	○	◎

17水	18木	19金	20土	21日	22月	23火	24水	25木	26金	27土	28日	29月	30火	31水
○	◎	○	△	▲	○	△	○	◎	○	◎	○	△	▲	○

六月 運勢

六月六日芒種の節より
月命戊午　四緑木星の月
暗剣殺　東南の方位

従来から継続的に努力を続けてきた事案に結果が出ます。概ね良好を得られます。予期しない援助も受けられ、上司への受けも良くなります。金融機関へ借入れの申し入れをしていた人は、今月受けられるようになるかも知れません。

状況に応じて適切な手を打っていけば人脈の広がりもあり、仕事が広がります。

●六月の方位

今月の吉方位	大吉→南 中吉→東北 吉→西南
6月の幸運数	1、4、9
幸運色	レッド

●吉日と注意日

1木	2金	3土	4日	5月	6火	7水	8木	9金	10土	11日	12月	13火	14水	15木	16金
△	○	◎	○	◎	○	△	▲	○	△	○	◎	○	◎	○	△

17土	18日	19月	20火	21水	22木	23金	24土	25日	26月	27火	28水	29木	30金
▲	○	△	○	◎	○	◎	○	△	▲	○	△	○	◎

七月 運勢

七月七日小暑の節より
月命己未　三碧木星の月
暗剣殺　東の方位

　一時的な成功に気を緩めると、奈落の底に堕ちるような憂き目をみます。有頂天にならず自制して進みましょう。運気の浮き沈みが大きいので、好調だと思い気を緩めると沈んで苦労します。状況を見つめ冷静に判断をして、計画を真面目に推進していくのが吉運です。人事を尽くして天命を待つ心境で励みましょう。

●七月の方位

今月の吉方位	大吉→北 中吉→南
7月の幸運数	4、5、7
幸運色	ブルー

●吉日と注意日

16 日	15 土	14 金	13 木	12 水	11 火	10 月	9 日	8 土	7 金	6 木	5 水	4 火	3 月	2 日	1 土
◎	○	△	▲	○	△	○	◎	○	◎	○	△	△	○	◎	○
	31 月	30 日	29 土	28 金	27 木	26 水	25 火	24 月	23 日	22 土	21 金	20 木	19 水	18 火	17 月
	▲	○	△	○	◎	○	◎	○	△	▲	○	△	○	◎	○

八月 運勢

八月八日立秋の節より
月命庚申　二黒土星の月
暗剣殺　西南の方位

　万事に浮ついた考えを慎み、どっしりと腰を据えて取り掛かりましょう。中途で投げ出すことが一番良くないです。時間と労力の無駄です。大事な時間を浪費したことになります。一生懸命やった上での失敗は貴重な経験になり、次のステップの糧になります。明確な方針の下で研鑽を重ねる行動をとりましょう。

●八月の方位

今月の吉方位	なし
8月の幸運数	5、7、0
幸運色	ホワイト

●吉日と注意日

16 水	15 火	14 月	13 日	12 土	11 金	10 木	9 水	8 火	7 月	6 日	5 土	4 金	3 木	2 水	1 火
△	○	◎	○	◎	○	△	▲	○	△	○	◎	○	◎	○	△
	31 木	30 水	29 火	28 月	27 日	26 土	25 金	24 木	23 水	22 火	21 月	20 日	19 土	18 金	17 木
	○	◎	○	△	▲	○	△	○	◎	○	◎	○	△	▲	○

九月 運勢

九月八日白露の節より
月命辛酉　一白水星の月
暗剣殺　北の方位

　今月は全ての件で消極的に行動しましょう。新規事、移転、結婚など人生の大きな行事は一切控えるのが良いです。周囲との和を大事にして、ゆるりと歩んでいくのが上策です。災難はいつ襲ってくるか分かりません。しかし事前に想定しておけば対処の仕方が迅速に見つかり、最小限に食い止めることができます。

●九月の方位

今月の吉方位	大吉→甲、乙 中吉→西南
9月の幸運数	2、3、7
幸運色	パープル

●吉日と注意日

16 土	15 金	14 木	13 水	12 火	11 月	10 日	9 土	8 金	7 木	6 水	5 火	4 月	3 日	2 土	1 金
○	△	▲	○	△	○	◎	○	◎	○	△	▲	○	△	○	◎
		30 土	29 金	28 木	27 水	26 火	25 月	24 日	23 土	22 金	21 木	20 水	19 火	18 月	17 日
		△	○	◎	○	◎	○	△	▲	○	△	○	◎	○	◎

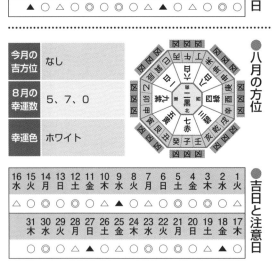

十月運勢

十月八日寒露の節より
月命壬戌　九紫火星の月
暗剣殺　南の方位

日頃から面倒を見ている部下の力添えで良好な結果を得ることができます。堅実な働きが評価を得られます。障害が起きますが、冷静に判断して迅速な対応をすれば無難に終わります。

真面目に努力してきた人には幸運が訪れ、不真面目な時間を過ごしてきた人にはつらい結果が待ち受けています。

●十月の方位

今月の吉方位	大吉→庚、辛 中吉→東
10月の幸運数	1、6、7
幸運色	マリンブルー

●吉日と注意日

1	2	3	4	5	6	7	8	9	10	11	12	13	14	15	16
日	月	火	水	木	金	土	日	月	火	水	木	金	土	日	月
○	▲	△	○	◎	○	◎	○	△	○	▲	△	○	◎	○	◎
17	18	19	20	21	22	23	24	25	26	27	28	29	30	31	
火	水	木	金	土	日	月	火	水	木	金	土	日	月	火	
○	△	○	▲	△	○	◎	○	◎	○	△	○	▲	△	○	

十一月運勢

十一月八日立冬の節より
月命癸亥　八白土星の月
暗剣殺　東北の方位

諸事好調な月です。実力や才能が発揮できるので、新事案があれば実行も吉です。上昇運に乗っていけるので、持てる全力を尽くして奮闘しましょう。努力が実ります。周りの人には努めて快活に振る舞いましょう。お世辞が言えないあなたですが、誠実に接する態度は自然に相手に伝わるものです。

●十一月の方位

今月の吉方位	なし
11月の幸運数	2、5、8
幸運色	クリスタルホワイト

●吉日と注意日

1	2	3	4	5	6	7	8	9	10	11	12	13	14	15	16
水	木	金	土	日	月	火	水	木	金	土	日	月	火	水	木
◎	○	◎	○	△	○	▲	△	○	◎	○	◎	○	△	○	▲
17	18	19	20	21	22	23	24	25	26	27	28	29	30		
金	土	日	月	火	水	木	金	土	日	月	火	水	木		
△	○	◎	○	◎	○	△	○	▲	△	○	◎	○	◎		

十二月運勢

十二月七日大雪の節より
月命甲子　七赤金星の月
暗剣殺　西の方位

運気旺盛ですが控え目に過ごしましょう。師走という時期を迎えての冒険や新規事への手出しは避けましょう。どんな有利な話でも今月は乗ってはいけないでしょう。甘言に釣られやすい時期です。高望みせず現状維持を心掛けるべき時です。重大事は上長や見識者に相談して結論を出しましょう。独断は危険です。

●十二月の方位

今月の吉方位	大吉→丙、丁 吉→東北
12月の幸運数	3、4、8
幸運色	コバルトグリーン

●吉日と注意日

1	2	3	4	5	6	7	8	9	10	11	12	13	14	15	16
金	土	日	月	火	水	木	金	土	日	月	火	水	木	金	土
○	△	○	▲	△	○	◎	○	◎	○	△	○	▲	△	○	◎
17	18	19	20	21	22	23	24	25	26	27	28	29	30	31	
日	月	火	水	木	金	土	日	月	火	水	木	金	土	日	
○	◎	○	△	○	▲	△	○	◎	○	◎	○	△	○	▲	

七赤金星《しちせききんせい》

時空期

方位吉凶図

吉方

本年は相生する二黒土星が回座する東方位、八白土星が回座する南方位、六白金星が回座する西方位の内、庚方位、辛方位が吉方となります。月別の吉方は毎月の運勢欄をご覧ください。

凶方

本年は五黄土星が回座する西北方位が五黄殺、反対側の三碧木星が回座する東南方位が暗剣殺の大凶方位となります。七赤金星が回座する東北方位が本命殺、一白水星が回座する西南方位が本命的殺の大凶方位です。本年の十二支である卯の反対側酉の方位が歳破で大凶方位です。月別の凶方は毎月の運勢欄をご覧ください。

今年の運勢の変化と指針

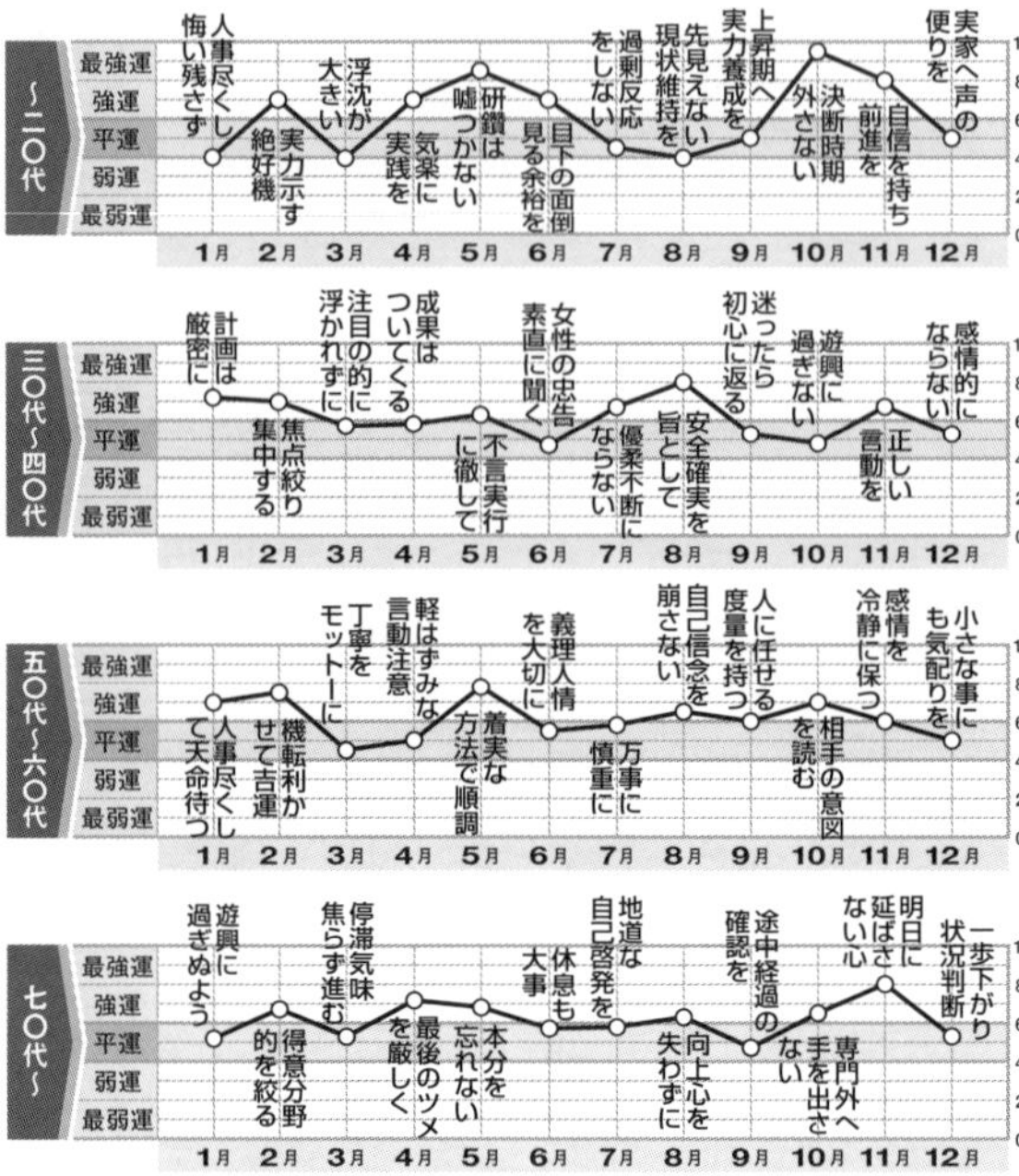

●本年あなたの本命星は東北方位の艮宮《こんきゅう》に回座しています。出来事が急変する暗示があります。転換を図りながら良好な結果を導き出す方策を考えてみましょう。難問は上司や経験者に聞きながら処理していきましょう。悪い時には焦らず転換期が来るのを待ちましょう。選択を上手くできるようにアンテナを張り巡らせておくと良いです。昨年度があまり良い年でなかった人にとっては起死回生の変化運。チャンスを逃さず懸命の努力を続けましょう。

●昨年まで順調に過ごしてきた人は少し警戒をしましょう。軽率な言動を慎んでください。くれぐれも油断なく緊張感を持って過ごしましょう。一年中緊張感を持てということではありません。緩めても大丈夫な時は心身に休息を与えるのが吉上策です。昨年順調だったとしたら本年は現状維持を心掛けるのが良いです。病気や怪我は長引く傾向にあります。用心しましょう。

適職

弁護士、教師、外科医、歯科医、武術家、司会者、金属加工業、食料品店、製造業、出版業、服飾業、飲食店、飛行機客室乗務員、セールス業、ホステス、タレント等

年齢別１年間の運勢指針

3歳	（令和2年 庚子）	いろいろなことに関心を示してじっとしていないので目が離せません。好奇心の目を摘まないように。
12歳	（平成23年 辛卯）	周囲と協調できる自分を作り上げていきましょう。自我を少し抑え周囲と仲良くすることを心掛けましょう。
21歳	（平成14年 壬午）	器用で頭も良いので頼りにされます。一人で抱えこまず、信頼できる人に相談を持ちかけましょう。
30歳	（平成5年 癸酉）	本年は忍耐の年と認識しましょう。一つひとつを丁寧に片付けていくのが最善策です。
39歳	（昭和59年 甲子）	順調に進んできたプログラムにつまずきが起きて停滞します。平常心を。
48歳	（昭和50年 乙卯）	情報を積極的に活用することを考えましょう。選球眼を磨き、役立つ情報を逃さず応用すると良いでしょう。
57歳	（昭和41年 丙午）	状況判断を正確にしましょう。古いものでも役に立つ事柄は活用していくのが良いです。
66歳	（昭和32年 丁酉）	生活の中に精神のゆとりを忘れないようにしましょう。時には石橋を叩いて渡る慎重さを持ちましょう。
75歳	（昭和23年 戊子）	興に乗るとずんずん進んでしまうあなた。行き過ぎて周囲から顰蹙を買うことがありますので注意を。
84歳	（昭和14年 己卯）	ふとした時に自意識過剰になり強情を貫いてしまいます。寛容の精神を心掛けると良いでしょう。
93歳	（昭和5年 庚午）	面倒がらずに目の前の事柄に行動を起こしてみましょう。案外スムーズに入り込めるかも知れません。
102歳	（大正10年 辛酉）	個性的な生き方をしてきた大正生まれのあなたの世代は歴史の証です。次世代に多くを残してあげてください。

●今年の健康運

本年は怪我をしないように過ごしましょう。怪我さえなければ比較的健康体を維持できます。怪我は手足の関節や膝《ひざ》、腰痛に注意をしましょう。足腰に持病を抱えている人は再発させないようにケアを怠りなくしましょう。

運動不足による身体の不調も起きます。適度な運動を生活の中に取り入れて心身の健康を保つようにしてください。

●今年の金銭運

あまり多くを期待できません。入ってくる金銭の管理をしっかりすることが金運を上昇させる源泉です。自然に貯蓄心が湧いてきます。将来に備えて最低限の貯蓄は必要です。そんなことはそうそう起きるものではないということが実際に起きています。使ってこそお金だという人がいます。そんな言葉に惑わされないようにしましょう。

●今年の恋愛運

新しい恋愛は生まれにくいようです。恋愛の相手がいない人には厳しい言葉かも知れません。もともとこの星生まれの人は恋愛上手な人です。異性運の強い人です。一度分かり合えばこれほど楽しい人はいません。人柄が理解されれば、最後には実を結びます。恋愛にしてもお見合いにしても、勧められたら前向きに考えてみましょう。

一月 運勢

一月六日小寒の節より
月命癸丑　九紫火星の月
暗剣殺　南の方位

上昇運の月にいます。何事も順調に進みます。積極的に行動して良好を得ます。新しい企画があれば早目に実行に移しても良いでしょう。言葉遣いに注意をしましょう。一言多いために、成るものも成らなくなることがあります。概して商談は有利に働きますので商機を逃さないように緊張感を持って臨みましょう。

一月の方位

今月の吉方位	大吉→東南 中吉→坤 吉→西北
1月の幸運数	3、4、8
幸運色	コバルトグリーン

吉日と注意日

16	15	14	13	12	11	10	9	8	7	6	5	4	3	2	1
月	日	土	金	木	水	火	月	日	土	金	木	水	火	月	日
▲	△	○	◎	○	○	○	△	○	▲	△	△	▲	○	△	○
	31	30	29	28	27	26	25	24	23	22	21	20	19	18	17
	火	月	日	土	金	木	水	火	月	日	土	金	木	水	火
	◎	○	○	○	△	○	▲	△	○	◎	○	○	○	△	○

二月 運勢

二月四日立春の節より
月命甲寅　八白土星の月
暗剣殺　東北の方位

本来であれば盛運で発展する月ですが、波乱が待ち受けています。波風を小さくして乗り切ることが必要です。万事に慎重に対処して難関を切り抜けましょう。欲の深追いをせず中庸のところで抑えれば、比較的穏やかに収めることができます。情勢を正確に判断して情報を素早くつかみ活用すると良いでしょう。

二月の方位

今月の吉方位	中吉→東 吉→庚、辛
2月の幸運数	1、5、9
幸運色	レッド

吉日と注意日

16	15	14	13	12	11	10	9	8	7	6	5	4	3	2	1
木	水	火	月	日	土	金	木	水	火	月	日	土	金	木	水
○	○	△	○	▲	△	○	◎	○	○	○	△	○	▲	△	○
				28	27	26	25	24	23	22	21	20	19	18	17
				火	月	日	土	金	木	水	火	月	日	土	金
				○	◎	○	○	○	△	○	▲	△	○	◎	○

三月 運勢

三月六日啓蟄の節より
月命乙卯　七赤金星の月
暗剣殺　西の方位

輪の中心人物にまつり上げられ、責任ある重い任務を任せられるかも知れません。全力を尽くして事に当たり、職責を果たしましょう。飛躍して、より高みに上る機会と捉えるのです。勇気を持ってチャレンジしましょう。自然の流れに沿って目標を達成できるように力を注ぎましょう。

三月の方位

今月の吉方位	大吉→南 吉→東北
3月の幸運数	3、5、8
幸運色	ホワイト

吉日と注意日

16	15	14	13	12	11	10	9	8	7	6	5	4	3	2	1
木	水	火	月	日	土	金	木	水	火	月	日	土	金	木	水
○	○	○	△	○	▲	△	○	◎	○	○	○	△	○	▲	△
	31	30	29	28	27	26	25	24	23	22	21	20	19	18	17
	金	木	水	火	月	日	土	金	木	水	火	月	日	土	金
	△	○	▲	△	○	◎	○	○	○	△	○	▲	△	○	◎

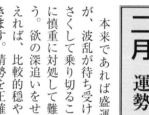

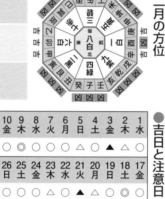

四月 運勢

四月五日清明の節より
月命丙辰　六白金星の月
暗剣殺　西北の方位

順調に進んでいると油断していると、思わぬ災難や障害に襲われることがあります。あなた自身に直接降りかかってきますので、八方に気を配り緊張感を持って仕事に邁進しましょう。事前に障害を想定していれば慌てず冷静に対応することができます。集中力は切らさないように留意しましょう。

●四月の方位

今月の吉方位	大吉→北、庚、辛 吉→南
4月の幸運数	5、6、7
幸運色	シルバー

●吉日と注意日

1土	2日	3月	4火	5水	6木	7金	8土	9日	10月	11火	12水	13木	14金	15土	16日
○	○	○	◎	○	△	▲	○	△	○	○	○	◎	○	△	▲

17月	18火	19水	20木	21金	22土	23日	24月	25火	26水	27木	28金	29土	30日
○	△	○	○	○	◎	○	△	▲	○	△	○	○	○

五月 運勢

五月六日立夏の節より
月命丁巳　五黄土星の月
暗剣殺　なし

伸び伸びと活動できる月です。日頃の努力が報われて、形として結果が表れるでしょう。物心共に豊かで収穫の多い月になります。家庭内にも嬉しい出来事がありそうです。幸運に甘えず、さらなる修養を心掛け、礼節を重んじた生活を続けましょう。人間関係の輪も一層広がりを見せます。

●五月の方位

今月の吉方位	大吉→東北、西南 吉→北
5月の幸運数	1、4、9
幸運色	ブラウン

●吉日と注意日

1月	2火	3水	4木	5金	6土	7日	8月	9火	10水	11木	12金	13土	14日	15月	16火
◎	○	△	▲	○	△	○	○	○	◎	○	△	▲	○	△	○

17水	18木	19金	20土	21日	22月	23火	24水	25木	26金	27土	28日	29月	30火	31水
○	○	◎	○	△	▲	○	△	○	○	○	◎	○	△	▲

六月 運勢

六月六日芒種の節より
月命戊午　四緑木星の月
暗剣殺　東南の方位

気持ちが揺らいで精神が安定しない月です。新規の企画に手をつけるべきではありません。従来の職務を安全確実に仕上げることを目指しましょう。目標は変えずに焦点を絞ることが大切です。周辺の状況や環境が意思に反して変わることがあります。ストレスを抱え込まないようにしましょう。

●六月の方位

今月の吉方位	大吉→東、南 中吉→庚、辛
6月の幸運数	2、5、8
幸運色	ホワイト

●吉日と注意日

1木	2金	3土	4日	5月	6火	7水	8木	9金	10土	11日	12月	13火	14水	15木	16金
○	△	○	○	○	◎	○	△	▲	○	△	○	○	○	◎	○

17土	18日	19月	20火	21水	22木	23金	24土	25日	26月	27火	28水	29木	30金
△	▲	○	△	○	○	○	◎	○	△	▲	○	△	○

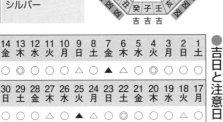

七月 運勢

七月七日小暑の節より
月命己未　三碧木星の月
暗剣殺　東の方位

今月は停止・変換・離れるという星の上に回っています。知的な行為は冴えて注目されます。評価もされ、名誉・栄転などの厚遇を受けます。一方新旧が入れ替わるような変換の時期でもあります。不安定さもありますので、万事長続きしない欠点があります。覚悟を決めてかからないと、落胆が大きくなります。

●七月の方位

今月の吉方位	中吉→寅、艮
7月の幸運数	5、7、9
幸運色	ブラック

●吉日と注意日

16日	15土	14金	13木	12水	11火	10月	9日	8土	7金	6木	5水	4火	3月	2日	1土
○	◎	○	△	▲	○	△	○	○	○	◎	○	○	◎	○	○
	31月	30日	29土	28金	27木	26水	25火	24月	23日	22土	21金	20木	19水	18火	17月
	△	▲	○	△	○	○	○	◎	○	△	▲	○	△	○	○

八月 運勢

八月八日立秋の節より
月命庚申　二黒土星の月
暗剣殺　西南の方位

最弱運気になります。特に第二週目頃からは低迷が大きくなります。経済的のみならず健康面にも悪影響を及ぼします。物事がスムーズに進まないとゆとりがなくなりイライラします。受け身の姿勢で、現状が良ければ良いという開き直りの気持ちで低迷を乗り切りましょう。確実に仕上げることに集中することです。

●八月の方位

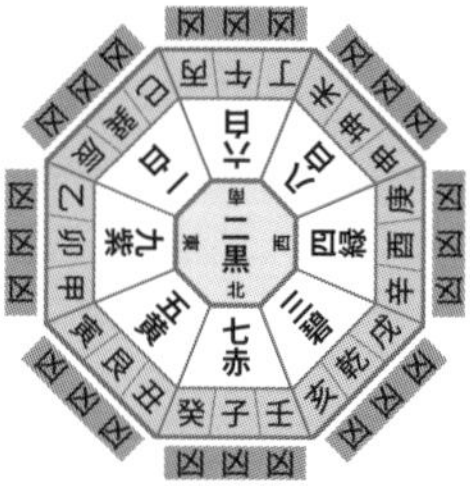

今月の吉方位	なし
8月の幸運数	1、2、3
幸運色	パープル

●吉日と注意日

16水	15火	14月	13日	12土	11金	10木	9水	8火	7月	6日	5土	4金	3木	2水	1火
○	△	○	○	○	◎	○	△	▲	○	△	○	○	○	◎	○
	31木	30水	29火	28月	27日	26土	25金	24木	23水	22火	21月	20日	19土	18金	17木
	○	○	◎	○	△	▲	○	△	○	○	○	◎	○	△	▲

九月 運勢

九月八日白露の節より
月命辛酉　一白水星の月
暗剣殺　北の方位

弱運から抜け出し、躍進する入口に来たような月です。まだ本調子の時期ではありません。猛進するのは危険です。むしろ人のためになるように尽力すると幸運が舞い込んできます。しっかりと計画を立て着実に推進していくことです。

どんなに良好なものでも一呼吸置き、丹念に検討を加えてから実行しましょう。

●九月の方位

今月の吉方位	大吉→東
9月の幸運数	1、4、6
幸運色	ブルー

●吉日と注意日

16土	15金	14木	13水	12火	11月	10日	9土	8金	7木	6水	5火	4月	3日	2土	1金
◎	○	△	▲	○	△	○	○	○	◎	○	△	▲	○	△	○
		30土	29金	28木	27水	26火	25月	24日	23土	22金	21木	20水	19火	18月	17日
		○	△	○	○	○	◎	○	△	▲	○	△	○	○	○

十月 運勢

十月八日寒露の節より
月命壬戌　九紫火星の月
暗剣殺　南の方位

万事順調に進んでいく好調月です。狙いを定めて忍耐強く推し進める覚悟で前進しましょう。続けていくうちにさらに調子が上向いていく様子です。理にかなった計画であれば、多少の難関があっても乗り越えて結果を得ることができるでしょう。ある程度目標を絞り、周囲にも分かりやすい行動をとるのが良策です。

●十月の方位

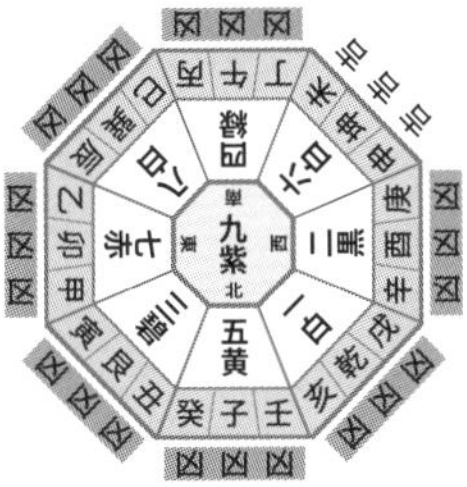

今月の吉方位	中吉→西南
10月の幸運数	5、8、0
幸運色	クリスタルホワイト

●吉日と注意日

16	15	14	13	12	11	10	9	8	7	6	5	4	3	2	1
月	日	土	金	木	水	火	月	日	土	金	木	水	火	月	日
○	○	○	◎	○	△	▲	○	△	○	○	○	◎	○	△	▲

31	30	29	28	27	26	25	24	23	22	21	20	19	18	17
火	月	日	土	金	木	水	火	月	日	土	金	木	水	火
◎	○	△	▲	○	△	○	○	○	◎	○	△	▲	○	△

十一月 運勢

十一月八日立冬の節より
月命癸亥　八白土星の月
暗剣殺　東北の方位

中央にいる星とは相性抜群で、力ももらえますが、最後まで緊張感を緩めてはいけない月になります。気持ち的には少し疲労感を味わう月になります。日頃から口うるさい上司や同僚には要注意です。事前にきっちり根回しをしておくのが良策です。人間関係は日頃から良好を保っておきましょう。

●十一月の方位

今月の吉方位	中吉→東 吉→庚、辛
11月の幸運数	3、4、8
幸運色	エメラルドグリーン

●吉日と注意日

16	15	14	13	12	11	10	9	8	7	6	5	4	3	2	1
木	水	火	月	日	土	金	木	水	火	月	日	土	金	木	水
△	▲	○	△	○	○	○	◎	○	△	▲	○	△	○	○	○

30	29	28	27	26	25	24	23	22	21	20	19	18	17
木	水	火	月	日	土	金	木	水	火	月	日	土	金
○	○	○	◎	○	△	▲	○	△	○	○	○	◎	○

十二月 運勢

十二月七日大雪の節より
月命甲子　七赤金星の月
暗剣殺　西の方位

曖昧な態度や意見が通らない月です。自分の意見は明確にしておきましょう。周囲から一目置かれる立場にあります。決断は勇気を持って下しましょう。そして自信を持ちましょう。弱腰では周囲の信頼を得ることはできません。むしろ敬遠され、あなたに協力をしなくなります。軌道を外れず常道を歩んでいきましょう。

●十二月の方位

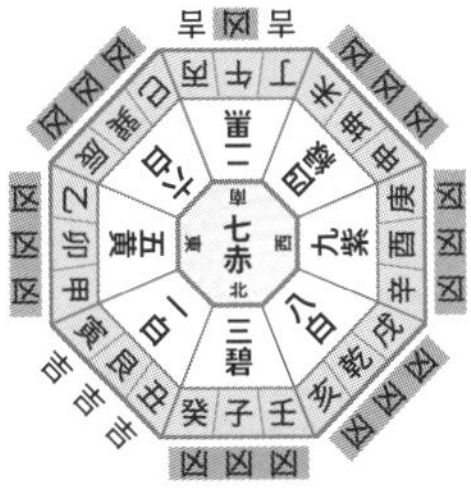

今月の吉方位	大吉→丙、丁 吉→東北
12月の幸運数	1、5、8
幸運色	グリーン

●吉日と注意日

16	15	14	13	12	11	10	9	8	7	6	5	4	3	2	1
土	金	木	水	火	月	日	土	金	木	水	火	月	日	土	金
○	◎	○	△	▲	○	△	○	○	○	◎	○	△	▲	○	△

31	30	29	28	27	26	25	24	23	22	21	20	19	18	17
日	土	金	木	水	火	月	日	土	金	木	水	火	月	日
△	▲	○	△	○	○	○	◎	○	△	▲	○	△	○	○

八白土星《はっぱくどせい》

炎熱期

方位吉凶図

吉方

本年は相生する二黒土星が回座する東方位、六白金星が回座する西方位の内庚方位、辛方位、七赤金星が回座する東北方位が吉方となります。月別の吉方は毎月の運勢欄をご覧ください。

凶方

本年は五黄土星が回座する西北方位が五黄殺、反対側の三碧木星が回座する東南方位が暗剣殺の大凶方位になります。八白土星が回座する南方位が本命殺、九紫火星が回座する北方位が本命的殺の大凶方位となります。本年の十二支である卯の反対側、酉の方位が歳破で大凶方位です。月別の凶方は毎月の運勢欄をご覧ください。

今年の運勢の変化と指針

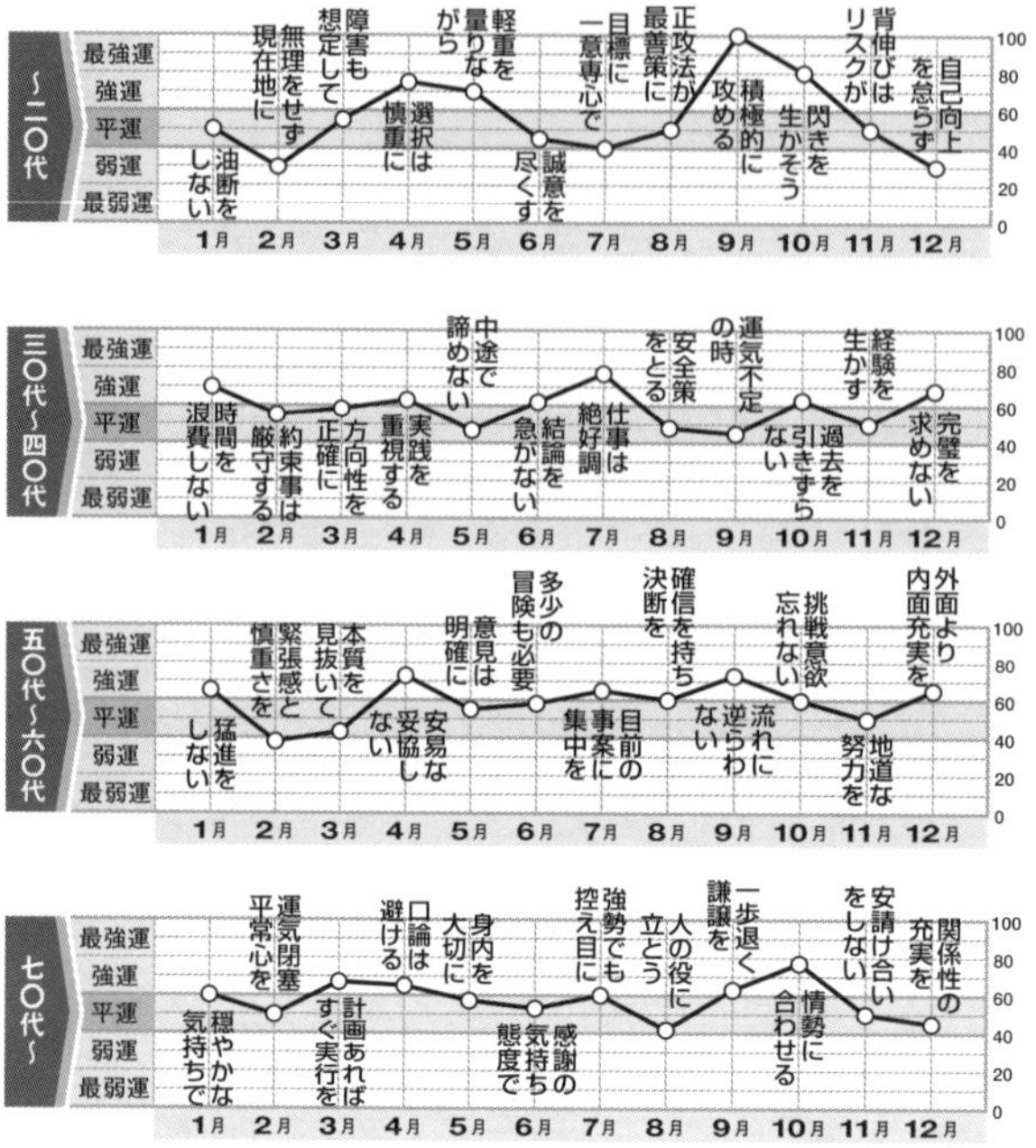

●今年のあなたの本命星は南方位の離宮《りきゅう》に回座しています。明るい太陽の下に出て華やかさが感じられる運勢です。今まで表には出てこなかった問題が表舞台に現れ白日の下に晒される運気の強い年です。これは良否を区別しません。都合の悪い事を持っている人はこの際に全部明らかにしておくのが将来のためにも良いです。運勢的には勢いのある年です。隠し事がなければ正々堂々と決断することができます。結論を急ぐあまり些細なミスで失敗をしないように気を付けましょう。

●運気は強く勢いがありますが、過ぎれば転ずるといわれ、本年の次の年は本厄年が待ち受けています。重要な案件や問題は前半で処理しておくのが理想的です。

●また人の離合集散があります。親しかった人との離別を味わうこともあります。明るさの裏側の表情でしょう。

適職

弁護士、教育家、警察官、自衛官、金融業、不動産管理業務、土木建築業、倉庫業、製材商、ホテル業、デパート業、リゾート開発、警備員、ペンションオーナー等

年齢別１年間の運勢指針

4歳	令和元年・平成31年	己亥	この星生まれは努力型です。一つのことに興味を示すと熱中します。他人との協調を教えてあげましょう。
13歳	平成22年	庚寅	自分の思い通りにいかないことが多々起こります。その時に横道に逸れないように導いてあげましょう。
22歳	平成13年	辛巳	安全確実な道に進んでいくのが良いでしょう。自身の判定物差しを確立させる努力を怠らないことです。
31歳	平成4年	壬申	運気は衰運に向かっています。強引な進め方をしないように自制心を働かせましょう。
40歳	昭和58年	癸亥	常に向上心を持ち続けて研鑽するあなたです。謙虚な気持ちで、さらなる上昇を目指しましょう。
49歳	昭和49年	甲寅	難しい問題が持ち上がってくるかも知れません。孤立無援にならないようにつながりを大切にしましょう。
58歳	昭和40年	乙巳	時流に乗り、流れに逆らわない方策をとるのが最善策です。人脈は広いほうが仕事は捗ります。
67歳	昭和31年	丙申	単純なミスで損失を招いてしまうことがあります。ミスは隠さず公にして迅速に収拾にあたるのが鉄則です。
76歳	昭和22年	丁亥	我欲を強く出さないように注意をしましょう。本年は人との縁が深くなります。遠方からの便りは大切に。
85歳	昭和13年	戊寅	予期せぬ出来事が起きるかも知れないことを念頭に置いておくと対処法に大きな差がつきます。
94歳	昭和4年	己巳	技術的事柄を得意にしてきたあなた。年を重ねても皆の前で得意の芸を見せてあげるのも良いでしょう。
103歳	大正9年	庚申	自発的な行動をとるように気持ちを前向きにしましょう。行動を習慣化すると案外楽になります。

●今年の健康運

好調な時と不調な時が交互にやって来る変則的な健康運になります。調子の良い時が続いたと思うと急に頭痛に襲われたりします。頭痛が続くようなら早目に健康診断を受けましょう。大事にいたらぬように日頃の注意が肝心です。また隠れていた血管の病気が突然表れることがあります。定期的に健康診断は必ず受診するようにしましょう。

●今年の金銭運

突然大金が入るかと思うとピタッと止まって金策に困るような極端な傾向があります。契約文書のミスからの損失は大きいので十分に注意をしましょう。首尾よく完結したものには大きな利益がもたらされる時です。全体的には金運は悪くありません。信用や名誉を損ねる言動を慎めば金銭に困ることはありません。

●今年の恋愛運

華やかな恋愛が繰り広げられる年です。本来のあなたは派手な恋愛は苦手で密かに愛を育んでいくタイプです。堅実に二人の愛を育てていく気持ちが大切です。今恋愛中の人は相手をよく理解するようにしましょう。長い期間恋人がいない人はチャンスの年です。積極的に働き掛けてみましょう。相手は意外にも身近なところにいます。

一月　運勢

一月六日小寒の節より
月命癸丑　九紫火星の月
暗剣殺　南の方位

年明けは好調な月となります。計画を立てたら忠実に実行するのが最善策です。運勢が良好だと、つい勇み足をしてしまいます。やり過ぎると後日に手痛いしっぺ返しを受けることになります。中庸のところで手を打つのが賢明です。好機の時は全力を尽くす。そうすれば利益も大きく上がります。

●一月の方位

今月の吉方位	中吉→西 吉→東、坤
1月の幸運数	3、5、8
幸運色	グリーン

●吉日と注意日

1日	2月	3火	4水	5木	6金	7土	8日	9月	10火	11水	12木	13金	14土	15日	16月
△	○	▲	▲	○	○	▲	▲	○	△	○	◎	○	◎	○	▲

17火	18水	19木	20金	21土	22日	23月	24火	25水	26木	27金	28土	29日	30月	31火
▲	○	△	○	◎	○	◎	○	▲	▲	○	△	○	◎	○

二月　運勢

二月四日立春の節より
月命甲寅　八白土星の月
暗剣殺　東北の方位

現状をしっかり把握して、人間関係を良好にしておきましょう。自分の置かれている立場を最大限生かして仕事に利用しましょう。今月は積極的に打って出ずに消極的に構えていても良いです。内容を吟味して取り組みましょう。重責を担うこともありますので、力量をわきまえて、抱え過ぎないようにしましょう。

●二月の方位

今月の吉方位	吉→東
2月の幸運数	1、3、9
幸運色	ダークグリーン

●吉日と注意日

1水	2木	3金	4土	5日	6月	7火	8水	9木	10金	11土	12日	13月	14火	15水	16木
◎	○	▲	▲	○	△	○	◎	○	◎	○	▲	▲	○	△	○

17金	18土	19日	20月	21火	22水	23木	24金	25土	26日	27月	28火
◎	○	◎	○	▲	▲	○	△	○	◎	○	◎

三月　運勢

三月六日啓蟄の節より
月命乙卯　七赤金星の月
暗剣殺　西の方位

運気盛大なので、存分に力を出して奮闘しましょう。無理をせず穏やかな気持ちで物事にぶつかっていくと良いでしょう。自己判断が偏らないように注意をしましょう。大切なのは人の和を崩さないことです。

喜怒哀楽を表に出さず、ゆったりした気分で過ごすことが招運につながります。

●三月の方位

今月の吉方位	中吉→南
3月の幸運数	4、5、6
幸運色	ゴールド

●吉日と注意日

1水	2木	3金	4土	5日	6月	7火	8水	9木	10金	11土	12日	13月	14火	15水	16木
○	▲	▲	○	△	○	◎	○	◎	○	▲	▲	○	△	○	◎

17金	18土	19日	20月	21火	22水	23木	24金	25土	26日	27月	28火	29水	30木	31金
○	◎	○	▲	▲	○	△	○	◎	○	◎	○	▲	▲	○

四月　運勢

四月五日清明の節より
月命丙辰　六白金星の月
暗剣殺　西北の方位

今月は仕事優先で邁進するのが良い月です。家族とはよく話し合いをして、仕事優先になる月であることを理解してもらいましょう。誠意を尽くせば理解し合えるでしょう。仕事は確実に成し遂げられる内容のものを優先させましょう。独走することなく広い視野で周囲を見回して判断をしましょう。

●四月の方位

今月の吉方位	大吉→東北 中吉→北
4月の幸運数	1、4、9
幸運色	チャコールグレー

●吉日と注意日

16日	15土	14金	13木	12水	11火	10月	9日	8土	7金	6木	5水	4火	3月	2日	1土
▲	○	◎	○	◎	○	△	○	▲	▲	○	◎	○	◎	○	△
		30日	29土	28金	27木	26水	25火	24月	23日	22土	21金	20木	19水	18火	17月
		◎	○	△	○	▲	▲	○	◎	○	◎	○	△	○	▲

五月　運勢

五月六日立夏の節より
月命丁巳　五黄土星の月
暗剣殺　なし

状況が目まぐるしく変化していきます。変化に乗り遅れないように状況把握をしっかりしましょう。良いと思ったことが悪いほうへ転換してしまう極端なことが起きるかも知れません。それほど変化の激しい月です。出だしが肝心です。時の流れに逆らわず、その時の状況に応じた気持ちで遂行していきましょう。

●五月の方位

今月の吉方位	大吉→南 吉→庚、辛
5月の幸運数	2、4、9
幸運色	ワインレッド

●吉日と注意日

16火	15月	14日	13土	12金	11木	10水	9火	8月	7日	6土	5金	4木	3水	2火	1月
△	○	▲	▲	○	◎	○	◎	○	△	○	▲	▲	○	◎	○
	31水	30火	29月	28日	27土	26金	25木	24水	23火	22月	21日	20土	19金	18木	17水
	▲	○	◎	○	◎	○	△	○	▲	▲	○	◎	○	◎	○

六月　運勢

六月六日芒種の節より
月命戊午　四緑木星の月
暗剣殺　東南の方位

表面は穏やかに見えても内面に問題を持つことが多いです。特に親戚関係に問題を抱えている人は問題が大きくなります。今まで見えなかった内部の問題が大きく表面に現れてきます。見栄や体裁にこだわらず、内容重視の話をするようにしましょう。小事にも気配りをして遺漏のないように努めましょう。

●六月の方位

今月の吉方位	中吉→東 吉→東北、庚、辛
6月の幸運数	5、6、7
幸運色	ブラック

●吉日と注意日

16金	15木	14水	13火	12月	11日	10土	9金	8木	7水	6火	5月	4日	3土	2金	1木
◎	○	◎	○	△	○	▲	▲	○	◎	○	◎	○	△	○	▲
		30金	29木	28水	27火	26月	25日	24土	23金	22木	21水	20火	19月	18日	17土
		△	○	▲	▲	○	◎	○	◎	○	△	○	▲	▲	○

七月 運勢

七月七日小暑の節より
月命己未　三碧木星の月
暗剣殺　東の方位

目標を一つに絞り、力を集中させましょう。弱運気ですから、背伸びするような計画は立てないようにしましょう。実現可能な企画立案は有効に働きます。並行して自分の実力を養成するにも絶好の機会です。苦しい時に努力を重ねると、一層力が付きます。さらに高みを目指して努力するための糧にもなるでしょう。

●七月の方位

今月の吉方位	大吉→西南 吉→寅、艮
7月の幸運数	2、3、7
幸運色	ダークパープル

●吉日と注意日

16日	15土	14金	13木	12水	11火	10月	9日	8土	7金	6木	5水	4火	3月	2日	1土
◎	○	◎	○	▲	▲	○	△	○	◎	○	◎	◎	○	◎	○
	31月	30日	29土	28金	27木	26水	25火	24月	23日	22土	21金	20木	19水	18火	17月
	○	▲	▲	○	△	○	◎	○	◎	○	▲	▲	○	△	○

八月 運勢

八月八日立秋の節より
月命庚申　二黒土星の月
暗剣殺　西南の方位

今月は表立ったことに手を出さずに縁の下の力持ちになって働くのが良いです。焦らず一歩ずつゆっくりと進みましょう。事を急ぐと失敗につながります。失敗をしても気力だけはなくさないようにしましょう。手足の疾患や下半身の疾病に気を付けてください。身体を清潔にし、冷やさないように注意しましょう。

●八月の方位

今月の吉方位	大吉→東 吉→北、南
8月の幸運数	1、3、6
幸運色	ブルー

●吉日と注意日

16水	15火	14月	13日	12土	11金	10木	9水	8火	7月	6日	5土	4金	3木	2水	1火
▲	○	△	○	◎	○	◎	○	▲	▲	○	△	○	◎	○	◎
	31木	30水	29火	28月	27日	26土	25金	24木	23水	22火	21月	20日	19土	18金	17木
	○	◎	○	◎	○	▲	▲	○	△	○	◎	○	◎	○	▲

九月 運勢

九月八日白露の節より
月命辛酉　一白水星の月
暗剣殺　北の方位

好事魔多しという言葉があります。今月のあなたにはまさにこの格言通りのことが起きそうな予感があります。油断せず絶えず緊張感を切らさずに過ごしましょう。石橋を叩いて渡る用心深さを要するところです。順序立てて効率良く進めて、順調に進んでいる案件も結果を手にするまでは気を緩めないことです。

●九月の方位

今月の吉方位	吉→西南
9月の幸運数	5、8、0
幸運色	ホワイト

●吉日と注意日

16土	15金	14木	13水	12火	11月	10日	9土	8金	7木	6水	5火	4月	3日	2土	1金
○	◎	○	▲	▲	○	△	○	◎	○	◎	○	▲	▲	○	△
		30土	29金	28木	27水	26火	25月	24日	23土	22金	21木	20水	19火	18月	17日
		▲	○	△	○	◎	○	◎	○	▲	▲	○	△	○	◎

十月 運勢

十月八日寒露の節より
月命壬戌　九紫火星の月
暗剣殺　南の方位

物事が空転しやすい月です。入ってきた物事に対して情報を集め、幅広い見方で対応することが望まれます。事前の調査・準備が物を言います。現状の把握も大事です。責任感と奉仕の精神を持って進めていけば、好運を呼び込むことができます。謙譲の精神と感謝の気持ちは、新たな道を開く強力タッグです。

●十月の方位

今月の吉方位	中吉→庚、辛 吉→東、西南
10月の幸運数	3、4、8
幸運色	レッド

●吉日と注意日

16 月	15 日	14 土	13 金	12 木	11 水	10 火	9 月	8 日	7 土	6 金	5 木	4 水	3 火	2 月	1 日
△	○	◎	○	◎	○	▲	▲	○	△	○	◎	○	◎	○	▲
	31 火	30 月	29 日	28 土	27 金	26 木	25 水	24 火	23 月	22 日	21 土	20 金	19 木	18 水	17 火
	○	◎	○	▲	▲	○	△	○	◎	○	◎	○	▲	▲	○

十一月 運勢

十一月八日立冬の節より
月命癸亥　八白土星の月
暗剣殺　東北の方位

物事に裏表があることを実感する月かも知れません。巻き込まれないようにするには常に王道を歩き、信念に従った規則正しい生き方をすることです。小舟で大海に出るような無謀な冒険はいけません。遅々として進まないように見えても手堅く確実に前進することです。柳に風と受け流せるようになれれば安泰です。

●十一月の方位

今月の吉方位	吉→東
11月の幸運数	3、5、8
幸運色	ブルー

●吉日と注意日

16 木	15 水	14 火	13 月	12 日	11 土	10 金	9 木	8 水	7 火	6 月	5 日	4 土	3 金	2 木	1 水
○	▲	▲	○	△	○	◎	○	◎	○	▲	▲	○	△	○	◎
		30 木	29 水	28 火	27 月	26 日	25 土	24 金	23 木	22 水	21 火	20 月	19 日	18 土	17 金
		△	○	◎	○	◎	○	▲	▲	○	△	○	◎	○	◎

十二月 運勢

十二月七日大雪の節より
月命甲子　七赤金星の月
暗剣殺　西の方位

気力は沸々と湧いてきますが、十二月という時期を考慮すると、がむしゃらに猛進するのは得策ではありません。自己の欲望に左右されず公益を考えて実践していくのが得策です。旺盛な気力も有効に使うことができます。いずれにしても今月は自己の意向はあまり強く出さず、甘い話に軽々しく乗るのは避けましょう。

●十二月の方位

今月の吉方位	中吉→丙、丁
12月の幸運数	5、6、7
幸運色	シルバー

●吉日と注意日

16 土	15 金	14 木	13 水	12 火	11 月	10 日	9 土	8 金	7 木	6 水	5 火	4 月	3 日	2 土	1 金
◎	○	◎	○	▲	▲	○	△	○	◎	○	◎	○	▲	▲	○
	31 日	30 土	29 金	28 木	27 水	26 火	25 月	24 日	23 土	22 金	21 木	20 水	19 火	18 月	17 日
	○	▲	▲	○	△	○	◎	○	◎	○	▲	▲	○	△	○

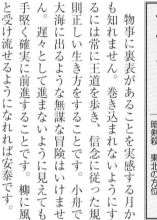

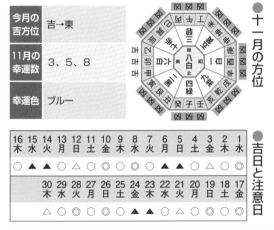

九紫火星《きゅうしかせい》

氷雪期

方位吉凶図

吉方

本年は相生する二黒土星が回座する東方位が吉方となります。月別の吉方は毎月の運勢欄をご覧ください。

凶方

本年は五黄土星が回座する西北方位が五黄殺、反対側の三碧木星が回座する東南方位が暗剣殺の大凶方位となります。九紫火星が回座する北方位が本命殺、八白土星が回座する南方位が本命的殺の大凶方位になります。本年の十二支である卯の反対側、酉の方位が歳破で大凶方位です。月別の凶方は毎月の運勢欄をご覧ください。

今年の運勢の変化と指針

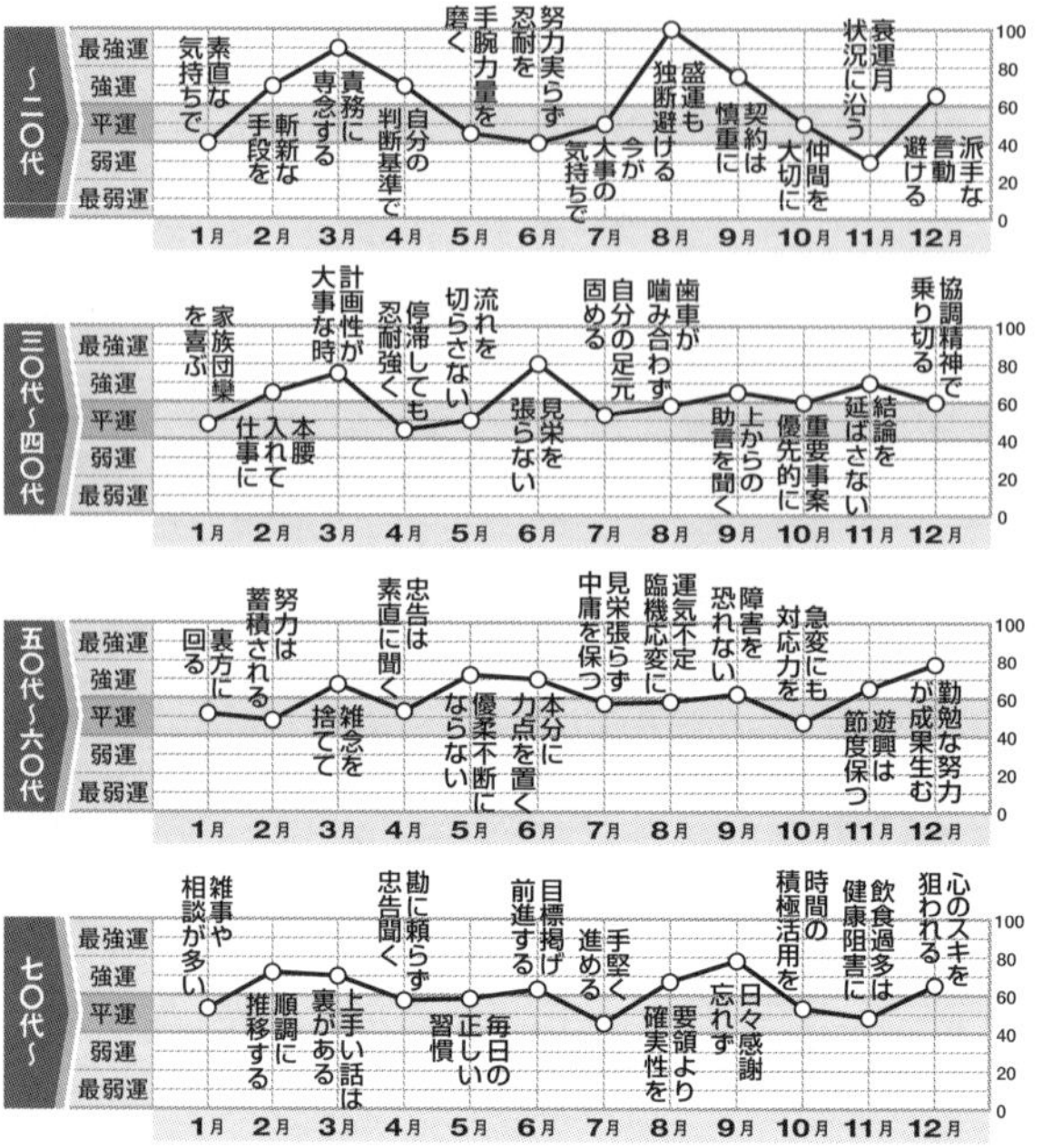

●本年あなたの本命星である九紫火星は坎宮《かんきゅう》に回座します。この年は本厄年となります。心配事が重なり苦しい状態になります。伸びようと思っても運命的に困難な状況に遮られます。研究者や芸術家にとっては自分の専門分野に没頭できる年回りです。本年に実を結ばなくても将来大きく花開く源となります。数少ない衰運期でも比較的無難な人達です。

●一般的には派手な動きをせず不言実行、現状維持を貫く精神で精進するのが理想的です。時の流れに逆らわず流れに任せるのも苦境時脱出法です。忍耐強くただひたすら耐えて乗り切るしかありません。耐えて来たる翌年の発芽期を迎えるようにしましょう。自暴自棄になり一打逆転の大博打を打つのは危険過ぎます。運を減らすだけです。

●本年の意外な傾向として、陰に隠された本業以外の副業が好結果を生むことがあります。

適職

政治家、税理士、会計士、裁判官、警察官、学者、文筆業、証券業、美術工芸商、鑑定士、美容師、タレント、モデル、レポーター、シナリオライター、アーチスト等

年齢別１年間の運勢指針

年齢	運勢
5歳（平成30年 戊戌）	活発な行動が目立つようになります。動きも早くなるので危険も増えますが、おおらかにしましょう。
14歳（平成21年 己丑）	目標を自分で立てる訓練をしましょう。小さな目標でも達成感を味わうことが大切です。
23歳（平成12年 庚辰）	初めは効率よりも実践を念頭に置いてください。実践するうちに新たなやり方への挑戦ができるのです。
32歳（平成3年 辛未）	気分が高揚し、何でもやってみようとする気運になります。目標はきちんと立てておきましょう。
41歳（昭和57年 壬戌）	甘い話には十分に警戒を。気力が充実している時には自分の実力を発展させる努力を怠らないでください。
50歳（昭和48年 癸丑）	地道な推進を心掛けましょう。今年は目立たない地味な努力で乗り切るのが吉運です。
59歳（昭和39年 甲辰）	雑音に惑わされず、仕事に専念しましょう。本年の成功はやがて大きく花開く年の前兆かも知れません。
68歳（昭和30年 乙未）	言動が注目されますので日頃の態度を慎ましく過ごしましょう。研鑽を継続させましょう。
77歳（昭和21年 丙戌）	解放感を味わえる年です。自分の能力を見極めて分相応な働きをしましょう。言葉遣いに注意を。
86歳（昭和12年 丁丑）	心の中はいつも燃え上がっているあなた。その気持ちを大事に育み、障害さえ上昇の気に転嫁しましょう。
95歳（昭和3年 戊辰）	周りから頼りにされるかも知れません。その時は人生の先輩として意見や忠告をしてあげましょう。
104歳（大正8年 己未）	微熱でも発熱は注意しましょう。高齢になると免疫力が低下し抵抗力が落ちるのは仕方がないことでしょう。

●今年の健康運

本年はいわゆる本厄年に入っています。第一に考えることは、無理をしないということです。腎臓や消化器系に負担がかかります。身体が冷えると腰を痛めやすくなります。また、免疫力が下がって種々の疾患を引き起こしやすくなります。身体は常に温かさを保つように気配りをしましょう。持病を持っている人は再発しないような健康管理が重要でしょう。

●今年の金銭運

親の跡を継ぐより自立して独自の道を歩みたい気持ちの強い星生まれの人ですから、ある程度波乱を含んだ金運の持ち主ではあります。本年は金運に関しては低調です。低調だということを自覚して現状維持を心掛けて進めていくのが最善策です。間違っても新たな企画などを実行に移さないことです。運気は最弱運気なのです。

●今年の恋愛運

勘の良いあなたは、この人と思ったらすぐに行動を起こす人かも知れません。しかし本年は少しだけ慎重に行動しましょう。本年は本厄年の衰運期の真っただ中にいます。そのような時は判断力が鈍ります。直感力に頼らず相手の本質を見極める眼識を正しく働かせることが大切なのです。その意味では、本年はお見合いがお勧めです。

一月　運勢

一月六日小寒の節より
月命癸丑　九紫火星の月
暗剣殺　南の方位

運勢は強いけれど、流動的で浮き沈みが激しい月です。自己中心的になりがちなので、抑制力が重要になります。自信過剰気味です。何でもできる錯覚に陥り、自信過剰になると周囲から人が逃げ出し、成就も難しくなります。中道な計画を実行するようにしましょう。成果は確実に上がってきます。

●一月の方位

今月の吉方位	大吉→東北 吉→東南、西
1月の幸運数	2、5、8
幸運色	ゴールド

●吉日と注意日

16月	15日	14土	13金	12木	11水	10火	9月	8日	7土	6金	5木	4水	3火	2月	1日
○	◎	○	◎	△	△	○	▲	△	○	◎	◎	○	△	▲	○
	31火	30月	29日	28土	27金	26木	25水	24火	23月	22日	21土	20金	19木	18水	17火
	◎	△	△	○	▲	△	○	◎	○	◎	△	△	○	▲	△

二月　運勢

二月四日立春の節より
月命甲寅　八白土星の月
暗剣殺　東北の方位

途中経過を確認しながらゆっくりと進展させるのが良いです。先へ先へと急ぎ進めていく傾向にあります。今月は波乱含みです。自重しましょう。実力もあり運気も盛大を極めていますので、手堅く処していけば実りは大きいものがあります。穏やかな言動をとり、周りの意見も取り入れて、方針通りに進めましょう。

●二月の方位

今月の吉方位	大吉→北、南
2月の幸運数	5、6、7
幸運色	シルバー

●吉日と注意日

16木	15水	14火	13月	12日	11土	10金	9木	8水	7火	6月	5日	4土	3金	2木	1水
△	○	▲	△	○	◎	○	◎	△	△	○	▲	△	○	◎	○
				28火	27月	26日	25土	24金	23木	22水	21火	20月	19日	18土	17金
				○	◎	△	△	○	▲	△	○	◎	○	◎	△

三月　運勢

三月六日啓蟄の節より
月命乙卯　七赤金星の月
暗剣殺　西の方位

今月は予期せぬアクシデントに用心をしましょう。何も起こらなければ仕事運、金運共に良好な月です。金銭の貸借は避けましょう。こじれるような兆候があります。

周囲から信頼を寄せられています。障害にめげない強い気持ちで立ち向かう姿勢が信頼感の絆になります。

●三月の方位

今月の吉方位	大吉→西南、北 吉→南
3月の幸運数	1、3、9
幸運色	ブラウン

●吉日と注意日

16木	15水	14火	13月	12日	11土	10金	9木	8水	7火	6月	5日	4土	3金	2木	1水
△	△	○	▲	△	○	◎	○	◎	△	△	○	▲	△	○	◎
	31金	30木	29水	28火	27月	26日	25土	24金	23木	22水	21火	20月	19日	18土	17金
	▲	△	○	◎	○	◎	△	△	○	▲	△	○	◎	○	◎

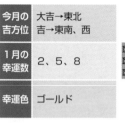

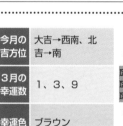

四月　運勢

四月五日清明の節より
月命丙辰　六白金星の月
暗剣殺　西北の方位

浮ついた気持ちにならないように引き締めてかかりましょう。変化変動の大きい月です。リラックスした気持ちで物事にぶつかるのは良いのですが、心がこもらなければ良い結果が出ません。実りある時間を過ごそうとするなら明確な計画を立てて実行するのが最善策です。自身の方針がブレないように進みましょう。

●四月の方位

今月の吉方位	大吉→東 吉→北、庚、辛
4月の幸運数	2、4、9
幸運色	レッド

●吉日と注意日

1土	2日	3月	4火	5水	6木	7金	8土	9日	10月	11火	12水	13木	14金	15土	16日
○	△	△	◎	○	◎	○	△	▲	○	△	△	◎	○	◎	○

17月	18火	19水	20木	21金	22土	23日	24月	25火	26水	27木	28金	29土	30日
△	▲	○	△	△	◎	○	◎	○	△	▲	○	△	△

五月　運勢

五月六日立夏の節より
月命丁巳　五黄土星の月
暗剣殺　なし

やや明るさのある月を過ごすことができます。人のために尽力すると徳が戻ってくるような月です。選択は素早くして結論はゆっくり出す方策が今月は有効です。苦しくても投げ出さず、最後まで成し遂げる忍耐力を持ちましょう。

言葉を丁寧に、態度は優しく接しましょう。公正な判断を忘れないでください。

●五月の方位

今月の吉方位	大吉→東 吉→東北、西南
5月の幸運数	5、7、0
幸運色	ホワイト

●吉日と注意日

1月	2火	3水	4木	5金	6土	7日	8月	9火	10水	11木	12金	13土	14日	15月	16火
◎	○	◎	○	△	▲	○	△	△	◎	○	◎	○	△	▲	○

17水	18木	19金	20土	21日	22月	23火	24水	25木	26金	27土	28日	29月	30火	31水
△	△	◎	○	◎	○	△	▲	○	△	△	◎	○	◎	○

六月　運勢

六月六日芒種の節より
月命戊午　四緑木星の月
暗剣殺　東南の方位

今月は技能や知識習得に力を向けるのが良いです。仕事は現状維持に方針を定め、新規事や人生での大きな事柄には手を出さないほうが無難です。

知識が豊富になると、考え方が柔軟になって前向きな向上心が湧いてきます。一見地味に見える知識習得ですが、将来のためには欠かせないものです。

●六月の方位

今月の吉方位	吉→東
6月の幸運数	2、3、9
幸運色	パープル

●吉日と注意日

1木	2金	3土	4日	5月	6火	7水	8木	9金	10土	11日	12月	13火	14水	15木	16金
△	▲	○	△	△	◎	○	◎	○	△	▲	○	△	△	◎	○

17土	18日	19月	20火	21水	22木	23金	24土	25日	26月	27火	28水	29木	30金
◎	○	△	▲	○	△	△	◎	○	◎	○	△	▲	○

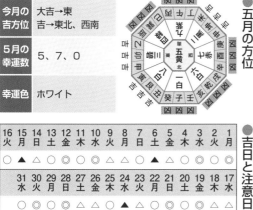

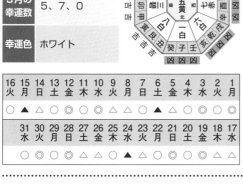

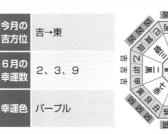

七月　運勢

七月七日小暑の節より
月命己未　三碧木星の月
暗剣殺　東の方位

意欲が湧いて手近なところから改善を図ろうと試みます。しかしながら独断や秘密裏に物事を決めて実行しないように注意をしましょう。窮地に立たされないよう公明正大な方策が良いです。地道な努力を続けていけば飛躍への糧となり、希望達成となります。

持病のある人は再発に警戒を要します。

●七月の方位

今月の吉方位	吉→北
7月の幸運数	1、6、7
幸運色	ブラック

●吉日と注意日

1土	2日	3月	4火	5水	6木	7金	8土	9日	10月	11火	12水	13木	14金	15土	16日
△	△	◎	○	○	◎	△	△	○	▲	△	○	◎	○	◎	△
17月	18火	19水	20木	21金	22土	23日	24月	25火	26水	27木	28金	29土	30日	31月	
△	○	▲	△	○	◎	○	◎	△	△	○	▲	△	○	◎	

八月　運勢

八月八日立秋の節より
月命庚申　二黒土星の月
暗剣殺　西南の方位

今月は運気が活発に上昇する月です。派手さはないけれど、地道に努力すれば成果は確実に上がります。静かな動きで穏やかに漸進していく感じです。冒険しなければ万事順調にまとまるはずです。正攻法で遂行して奇策などは用いないのが吉策です。堅実に推進していけば、応援も得られて人柄も認められるでしょう。

●八月の方位

今月の吉方位	なし
8月の幸運数	2、5、8
幸運色	イエロー

●吉日と注意日

1火	2水	3木	4金	5土	6日	7月	8火	9水	10木	11金	12土	13日	14月	15火	16水
○	◎	△	△	○	▲	△	○	◎	○	◎	△	△	○	▲	△
17木	18金	19土	20日	21月	22火	23水	24木	25金	26土	27日	28月	29火	30水	31木	
○	◎	○	◎	△	△	○	▲	△	○	◎	○	◎	△	△	

九月　運勢

九月八日白露の節より
月命辛酉　一白水星の月
暗剣殺　北の方位

発展性のある月ですが、気の許せない月でもあります。波乱運を呼び込む暗剣殺という凶神が居座っています。常に誠実に対処していれば、修復は早期のうちに可能です。他人の中傷が入ると修復が遅れてしまいます。信用第一の毎日を過ごしましょう。日頃から周囲との人間関係は良好に保っておきましょう。

●九月の方位

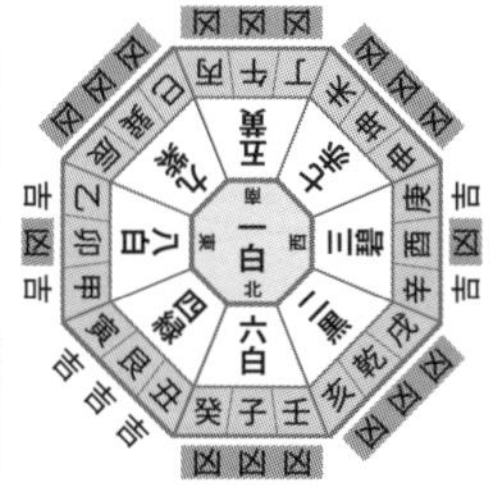

今月の吉方位	大吉→東北、庚、辛 吉→甲、乙
9月の幸運数	3、4、8
幸運色	コバルトグリーン

●吉日と注意日

1金	2土	3日	4月	5火	6水	7木	8金	9土	10日	11月	12火	13水	14木	15金	16土
○	▲	△	○	◎	○	◎	△	△	○	▲	△	○	◎	○	◎
17日	18月	19火	20水	21木	22金	23土	24日	25月	26火	27水	28木	29金	30土		
△	△	○	▲	△	○	◎	○	◎	△	△	○	▲	△		

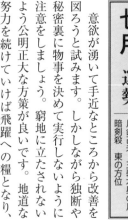

十月 運勢

十月八日寒露の節より
月命壬戌　九紫火星の月
暗剣殺　南の方位

今月良くなる人は、持ち前の決断力を遺憾なく発揮できる人です。チャンスをものにできるかできないかは日頃の緊張感と決断力にかかっています。懸命に仕事に取り組んでいる人は、好機を逃さず決断を下しているものです。

遠方からの朗報が利を運んでくることがあります。大事に育てましょう。

十月の方位

今月の吉方位	大吉→東北 吉→庚、辛
10月の幸運数	3、5、8
幸運色	ブルー

吉日と注意日

1	2	3	4	5	6	7	8	9	10	11	12	13	14	15	16
日	月	火	水	木	金	土	日	月	火	水	木	金	土	日	月
○	◎	○	◎	△	△	○	▲	△	○	◎	○	◎	△	△	○

17	18	19	20	21	22	23	24	25	26	27	28	29	30	31
火	水	木	金	土	日	月	火	水	木	金	土	日	月	火
▲	△	○	◎	○	◎	△	△	○	▲	△	○	◎	○	◎

十一月 運勢

十一月八日立冬の節より
月命癸亥　八白土星の月
暗剣殺　東北の方位

周囲の期待は大きいものがありますが、気を引き締めて進展させましょう。浮かれることなく、計画と事前調査を入念にしてしっかりと対応するのが最善策です。運気旺盛な時ほど石橋を叩いて渡る慎重さが必要です。今月は中庸のところで手を打つ方針をとりましょう。欲の深追いは危険です。

十一月の方位

今月の吉方位	大吉→北、南
11月の幸運数	6、7、8
幸運色	ブラック

吉日と注意日

1	2	3	4	5	6	7	8	9	10	11	12	13	14	15	16
水	木	金	土	日	月	火	水	木	金	土	日	月	火	水	木
△	△	○	▲	△	○	◎	○	◎	△	△	○	▲	△	○	◎

17	18	19	20	21	22	23	24	25	26	27	28	29	30
金	土	日	月	火	水	木	金	土	日	月	火	水	木
○	◎	△	△	○	▲	△	○	◎	○	◎	△	△	○

十二月 運勢

十二月七日大雪の節より
月命甲子　七赤金星の月
暗剣殺　西の方位

多忙な割には成果が薄い月になりそうです。年末を控えているので計画を見直し、年内に処理しなければいけない最重要案件から早目に片付けていきましょう。状況の変化をいち早く察知し、善後策を講じる必要性があれば第三者に相談してアドバイスを受けるのが良いでしょう。喧嘩口論は避けましょう。

十二月の方位

今月の吉方位	大吉→西南、北 吉→丙、丁
12月の幸運数	1、4、9
幸運色	シルバーグレー

吉日と注意日

1	2	3	4	5	6	7	8	9	10	11	12	13	14	15	16
金	土	日	月	火	水	木	金	土	日	月	火	水	木	金	土
▲	△	○	◎	○	◎	△	△	○	▲	△	○	◎	○	◎	△

17	18	19	20	21	22	23	24	25	26	27	28	29	30	31
日	月	火	水	木	金	土	日	月	火	水	木	金	土	日
△	○	▲	△	○	◎	○	◎	△	△	○	▲	△	○	◎

相性を判断する

九星による相性は、一白水星から九紫火星までの九星の五行、木・火・土・金・水の相生・相剋によって決められます。

また十二支にも相性の吉凶があります。したがって九星、十二支双方から見ての相性が吉であれば申し分ありません。

●九星による女性から見た大・中吉の男性

	大吉	中吉
一白生まれ	六白・七赤	一白・三碧・四緑
二黒生まれ	九紫	五黄・八白・六白・七赤・二黒
三碧生まれ	一白	九紫・四緑・三碧
四緑生まれ	一白	九紫・三碧・四緑
五黄生まれ	九紫	六白・七赤・八白・二黒・五黄
六白生まれ	二黒・五黄・八白	一白・七赤・六白
七赤生まれ	二黒・五黄・八白	一白・七赤・六白
八白生まれ	九紫	二黒・五黄・六白・七赤・八白
九紫生まれ	三碧・四緑	二黒・五黄・八白・九紫

●九星による男性から見た大・中吉の女性

	大吉	中吉
一白生まれ	三碧・四緑	六白・七赤・一白
二黒生まれ	六白・七赤	二黒・五黄・八白・九紫
三碧生まれ	九紫	一白・四緑・三碧
四緑生まれ	九紫	一白・三碧・四緑
五黄生まれ	六白・七赤	二黒・八白・九紫・五黄
六白生まれ	一白	二黒・五黄・八白・七赤・六白
七赤生まれ	一白	二黒・五黄・八白・六白・七赤
八白生まれ	六白・七赤	二黒・五黄・九紫・八白
九紫生まれ	二黒・五黄・八白	三碧・四緑・九紫

●十二支による男女の相性

子年生まれ	申・辰・丑年の人が吉
丑年生まれ	巳・酉・子年の人が吉
寅年生まれ	午・戌・亥年の人が吉
卯年生まれ	亥・未・戌年の人が吉
辰年生まれ	申・子・酉年の人が吉
巳年生まれ	酉・丑・申年の人が吉
午年生まれ	寅・戌・未年の人が吉
未年生まれ	亥・卯・午年の人が吉
申年生まれ	子・辰・巳年の人が吉
酉年生まれ	巳・丑・辰年の人が吉
戌年生まれ	寅・午・卯年の人が吉
亥年生まれ	卯・未・寅年の人が吉

人相の見方

人相は、骨相・顔相（面相）・体相に分けられ、人の性格、病気（健康状態）、職業、運気などを判断することができます。現在では顔相のことを人相と呼ぶことが多くなっています。

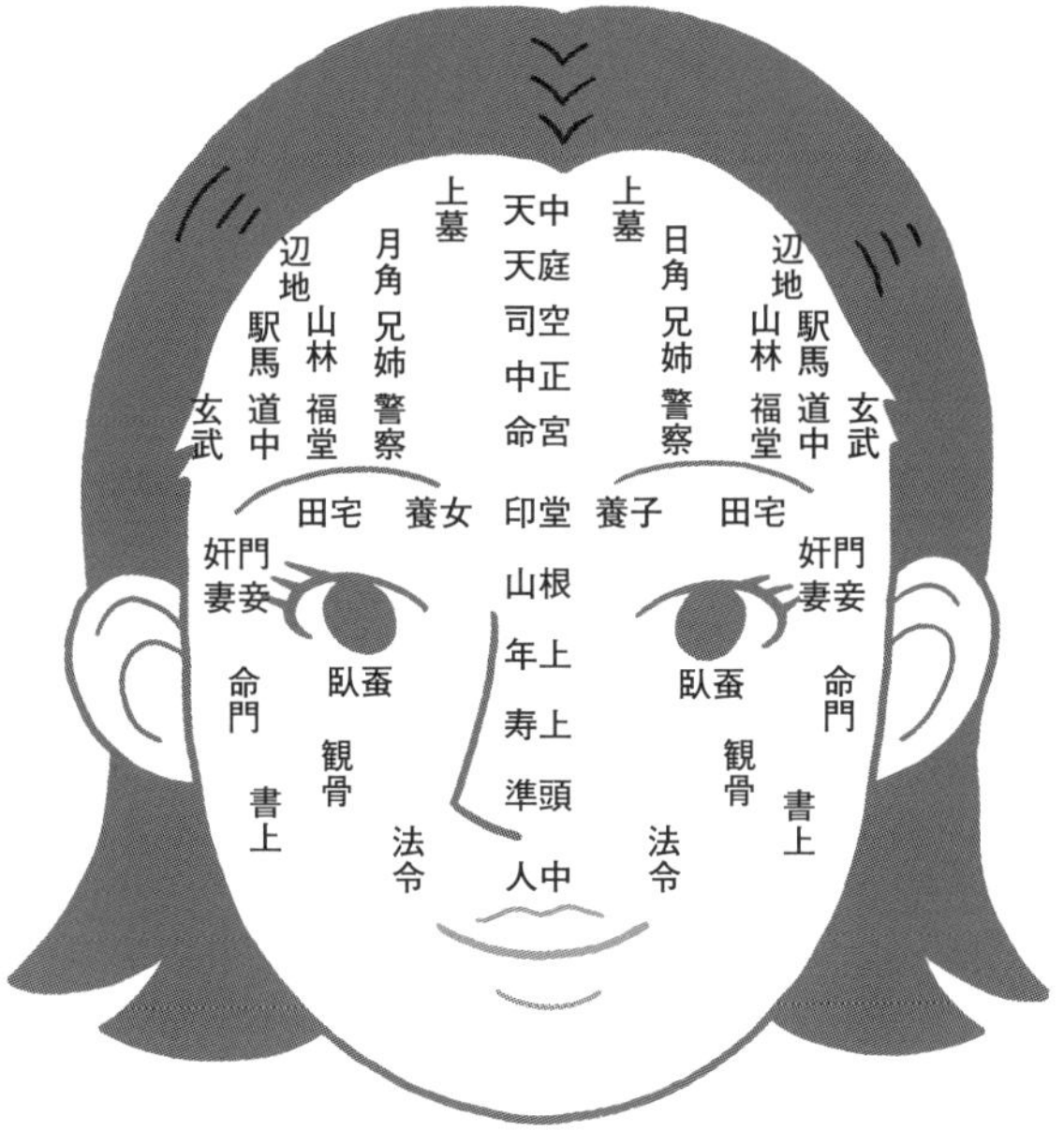

■**天中**《てんちゅう》　神の主座であって、信仰心の表れるところ。物事すべてにおいて正直な心で接すると、美色が出て、一家安泰となる。

■**天庭**《てんてい》、**司空**《しくう》　政府、裁判所、公儀に関することを見るところ。正しい行ないをしていれば万事が都合よく運ぶ。紅潤色か淡い黄色があれば、なお良好。

■**中正**《ちゅうせい》、**命宮**《めいきゅう》、**印堂**《いんどう》　すべて望み事を見る。これらの部位に、つやのある明るい色や新芽のような輝きのある色があれば、望み事が早くかなう。

■**養子**《ようし》、**養女**《ようじょ》　子供のない家庭に他家からの縁談がある場合、この部分がつやのあるよい血色（紅潤色か淡い黄色）だと良縁になる。

■**警察**《けいさつ》　警察に関することを見る。この部位に美色が出ると、協力事などで表彰されることがある。

■**福堂**《ふくどう》　数学の出来不出来を見る部位。美色が出ると手に入れた金銭が身について豊かになる。

■**駅馬**《えきば》、**道中**《どうちゅう》　引越、旅行に関することを見る。普段の色合いの時、あるいはつやのある時は、引越、旅行とも実行して差し障りない。

■**玄武**《げんぶ》　キズなどがなければ、盗難や災厄に遭った時に被害が少ない。また、被害品が手元に戻る。

■**山林**《さんりん》　田畑、土地を見る。切りキズなどをつけないように気を付ける。

手相の見方

人間の過去、現在、未来の運命はすべて手相に表れているといわれます。手相学には、手型による性格判断と掌線による運命判断という二つの部門があります。

手相を見る方法としては、いわゆる利き手に重点を置き、左右両手の特徴を見ながら柔軟に判断していきます。

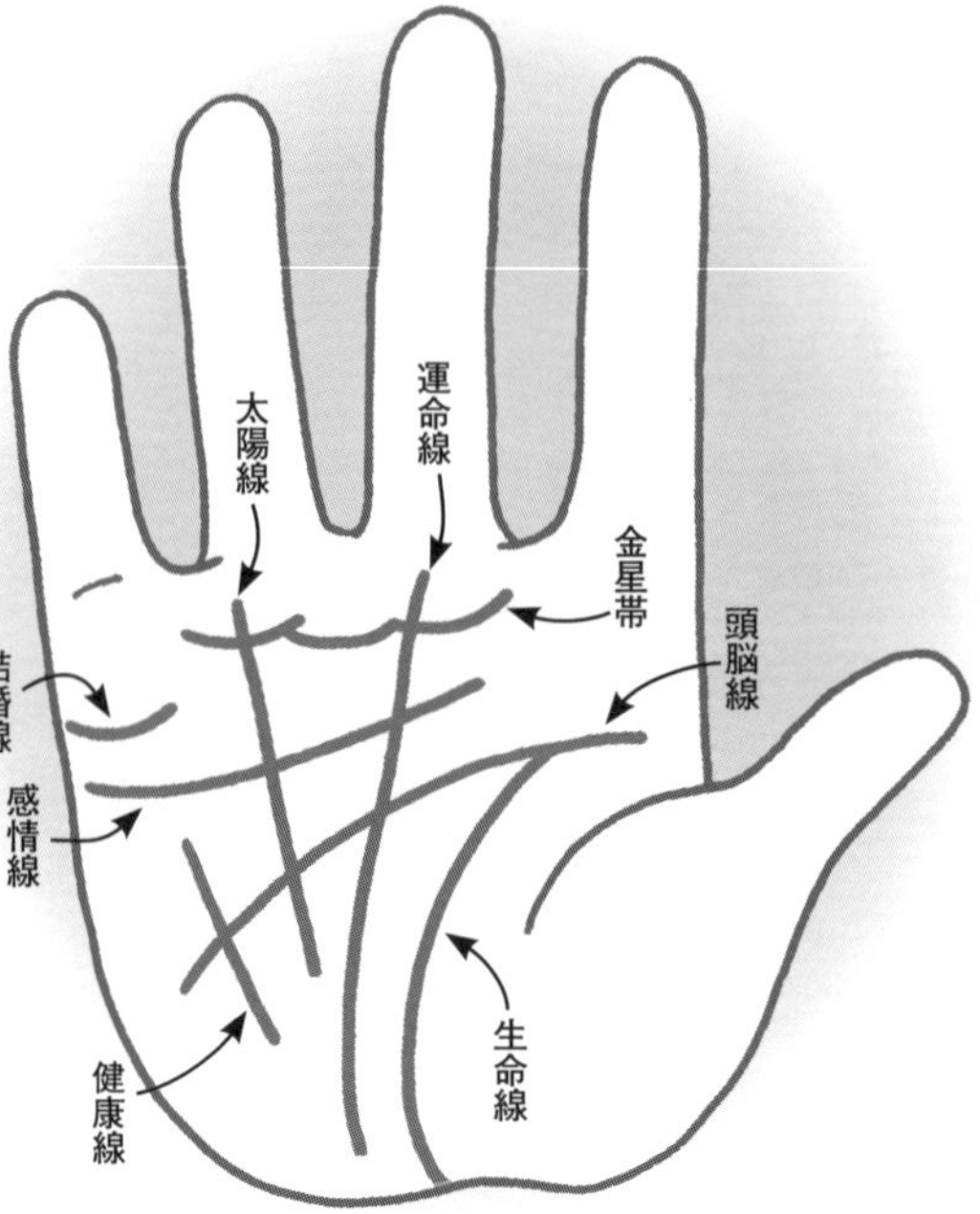

■生命線

寿命の長短や健康状態を示すもので、三大重要線の一つです。太く、深く、長くはっきりと伸びていて、途中に乱れや切れ目がなく、美しい淡紅色を最上とします。この相の人は健全な生活力をもって無事に長生きする人です。

生命線の短い人は、原則として短命と見ますが、他に良好な線がある時は、その限りではありません。

■頭脳線

その人の能力や頭脳の働きを示します。知恵、判断力、直感力、才能、知能の働きを示し、生活力にも大きな影響を与えます。切れ目がなくはっきりした線は、他の線の悪いところをある程度補います。

■感情線

その人の感情や家庭運、結婚運を表す重要な線です。別名「愛情線」とも呼ばれます。社会で生活していくうえで最も大切な横の絆、愛情を示し、深く明瞭に刻まれて、乱れがないのを良相とします。

■運命線

手首の上から中指のつけ根へ、太くまっすぐに力強く走っているのが吉相です。主要三大線（生命線・頭脳線・感情線）が良好な状態を示していれば、最上の相です。運命線と主要三大線が整った吉相の持ち主は、「智情意」に恵まれ、力強い発展力と実行力によって、その運命は、素晴らしい上昇を続けます。

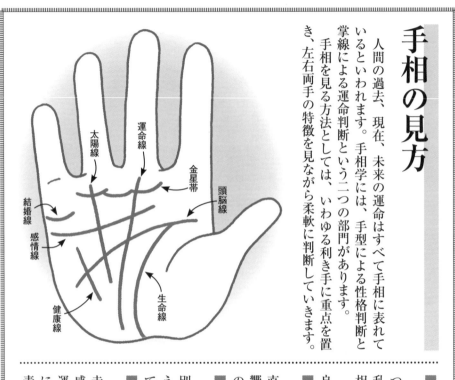

厄年の知識

●厄年の歴史

平安時代の「宇津保物語」「源氏物語」「栄華物語」、江戸時代の百科事典といわれる「和漢三才図会」などに載っている「厄年」は、七歳、十六歳、二十五歳、三十四歳、四十三歳、五十二歳、六十一歳です。

明治以降になって定着した「厄年」は、男性二十五歳、四十二歳、女性十九歳、三十三歳となっていて、今でも通念になっています。

厄年の発生は、中国古代の陰陽道に基づいたといわれていますが、その根拠は明確にされていません。しかし当時はもちろん、その後の長い年月にわたって、厄年は大きな影響を人間生活に与え、今日でもある意味では科学的事実といえます。

現在の「厄年」は、数え歳で男性四十二歳、女性三十三歳の大厄を指すのが一般的です。

●前厄・本厄・後厄

方位気学は、本命星が坎宮に回座した年を、運気停滞して多事多難、衰極の凶運年としています。つまり、「厄年」です。厄年とは「天運味方せず」の時であり、仕事、事業、商売上のことも個人的な悩み事も多発する傾向となります。特に、病魔潜入の暗示があり、健康管理が極めて大事です。

坎宮回座の前年は、本命星が離宮に回座し、吉凶交互、運気不順、いわば衰運に向かっていく年で、これが前厄です。また、坎宮回座の翌年は、本命星が坤宮に回座して、前年までの停滞運気の延長線上にあり、これが後厄となります。

つまり、前厄・本厄・後厄三年間の処し方に誤りがあってはいけないのです。慎重さと「他力本願」の方針が無事安泰の鍵となります。長年の体験からみても、相談にみえる多くの方々の実例の中に、適合する事例のなんと多いことかと驚いているのが実情です。

家相

家相八方位吉凶一覧

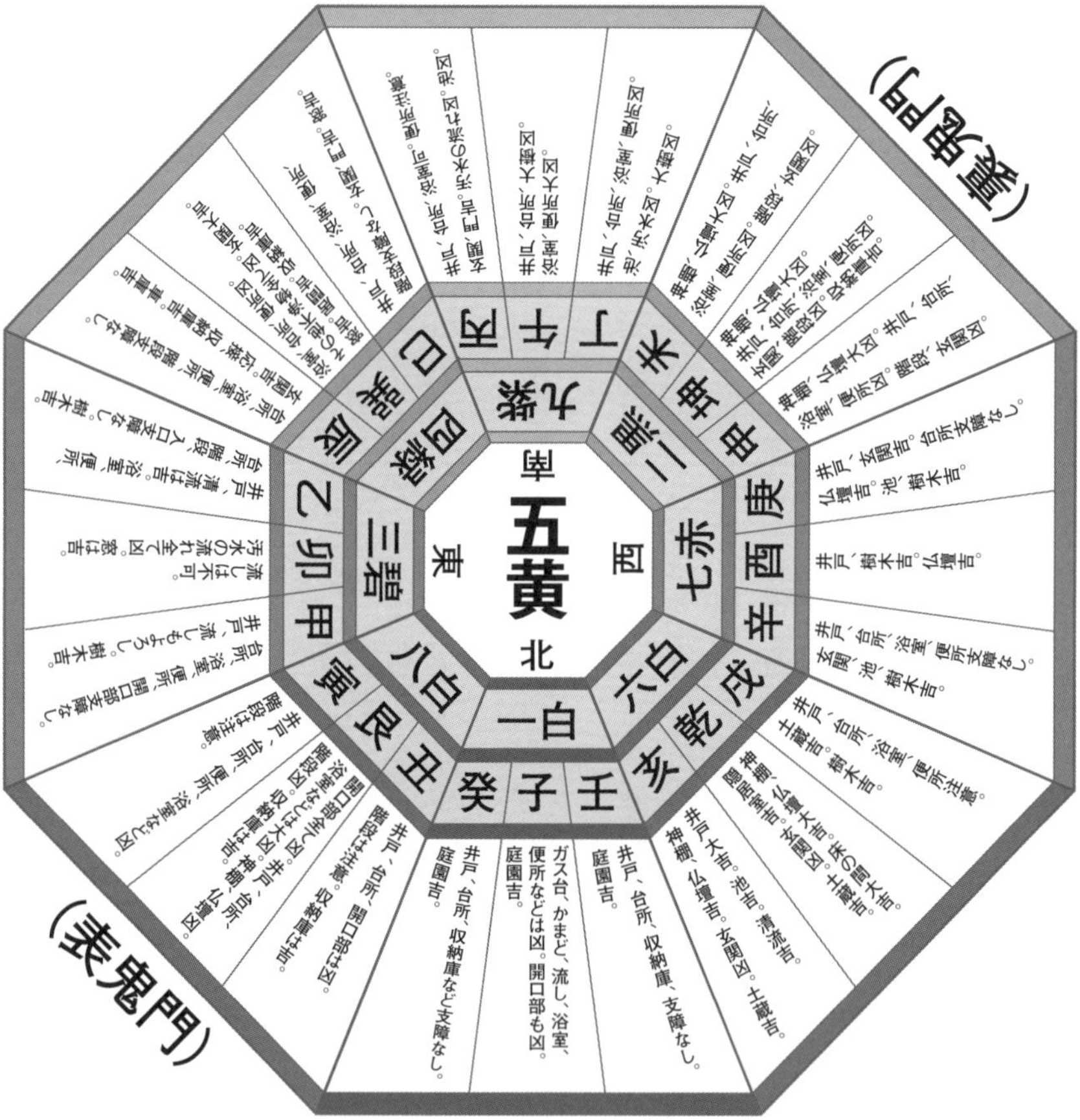

家相盤の用い方

右ページの図が土地、家宅の吉凶を鑑定するのに用いる「家相盤」です。方位をわかりやすく示すために360度を八方位に分け、それぞれを45度とし、それをさらに十干、十二支に分けて15度ずつとし、二十四方位に分割しています。通常、これを二十四山《にじゅうしざん》と称しています。

八方位は易の八卦からきたもので、東・西・南・北の四正《しせい》と、東南・西南・西北・東北の四隅《しぐう》を合わせたものです。

家相盤の用い方は、家の中央となるところに磁石を置き、東西南北を定めます。そして図の線をまっすぐ延ばした線と線の間にある事物と、盤の中に記されている説明とを対比して、吉凶を鑑定してください。

また、古《いにしえ》より八方位に割りあてた吉凶禍福の法則がありますので、次にこれを記します。八方位の法則と二十四山の吉凶を加味して鑑定すれば、家相・土地の吉凶を判断するうえで参考になります。

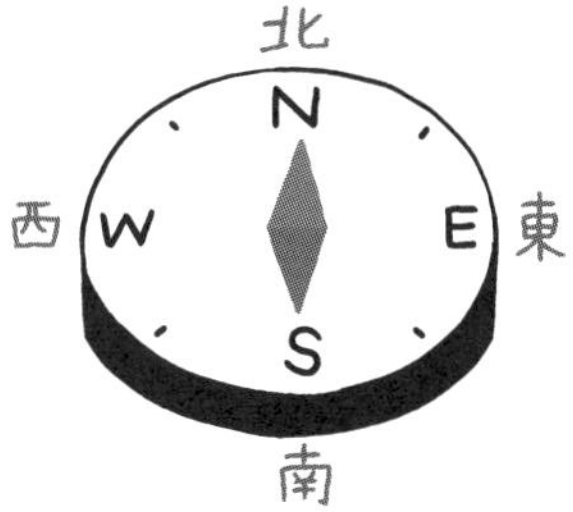

●八方位の吉凶禍福の法則

東方……万物が発生するところの方位ですから、この方位にあたると、家が富み、子孫も繁栄します。

東南方…陽気が訪れるといわれる方位です。万事活躍の方位で、主として産業盛衰の問題に関係します。

南方……極陽になりますので、万事を育成する方位です。この方位の用い方が正しければ子孫長久です。

西南方…極陽発陰のところで、陰気が盛んに物に逆らい、障りの多い方位です。俗に裏鬼門といって、最も注意を要する方位です。

西方……百物を収穫する徳のある方位ですが、一面には秋風が草木を枯らすという気もあって、これに反した場合は資産も失うといいます。

西北方…天の徳の広大という方位にあたり、万物生成の根本となり、一切の貴福をつかさどる大切な方位です。

北方……一陽来復の気にあたり、最も高貴な方位ですから、その道にかなっていれば、非常な幸福を得ることができます。

東北方…俗に鬼門といわれる方位にあたり、生滅二気の中心にあたるため百害の気も多く、主として病難や相続についての問題に見舞われます。

●家相について

家相については、気学によるところの五行（木・火・土・金・水）によって割り振られた方角と、それに対する諸設備との相性によって吉凶を判断し、そこに住む人の吉凶を占います。家はそこに住む人を、風・雨など自然から守るものです。それ故に、その気候・風土と密接な関係があります。地相では東に青龍として川、西に白虎として道、南に朱雀として平地、北に玄武として丘がある土地を最上といっています。「田地善ければ苗能く茂り、家宅吉相なれば家運栄ゆ」とあります。地相・家相といっても難しいものではありません。自然の法則により我々人間の生活を守り、豊かにしようとするものに他なりません。故に、吉相の土地で吉相の建物に住居すれば、自然の恵みを受け、発展、幸せになるのです。

人間には持って生まれた運命としての先天運と、自分自身の努力や出会った人からの影響で開かれる後天運とがあります。この二つの運気は切り離すことはできません。先天運で恵まれた人でも怠惰であったり、甘えがあったりすれば、せっかくの運気を生かすことはできません。また先天運に弱点のある人でも、それを補うように努力をすれば、仮に逆境にあってもそれを乗り切り、良い運気を掘り起こすことができます。ですから、どんなに良い地相・家相の家に住んでいても、住人が正しくなければ無効です。地・宅と人の気の両方が互いに寄り合って幸せを招くものです。運法は〝地の利は人の和に及ばず〟といっていますが、その人の行いも大切でしょう。

地相・家相が完全に良い家に住んでいれば、自分はいかに悪い行いをしていても、いつも家族がそろって健康で幸福に暮らせると思うのは間違った考え方で、良い土地・良い家に住んで、そして良い行いをしてこそ、真の幸福が得られるのです。さらに、家相上の欠点を指摘されても気にせず、凶相の家に住み続ける人もいます。また、改築や移転によって凶運気を避け、新しい吉運気を開く人もいます。家相を理解し、それを活用することができるかどうかも、また、その人の持つ運気のせいといえるのかも知れません。

家相の吉凶は、その家に住む人との関係によって左右されるということは前述しましたが、それは地相と家相の関係にもいえることです。狭義の家相は、家屋という建物によって吉凶を占いますが、広義の家相はその家の建っている敷地の相、すなわち地相も含んでいます。ですから家相が良いか悪いかは、どのような土地にどのような家が建てられているのか、その家はどのような形か、また部屋の位置、設備その他がどうなっているかといったことから判断します。地相といっても難しく考えることはないのです。現代風に直せば、立地条件といってもよいでしょう。

張り欠けについて

張りとは一部が張り出しているところ、欠けとは一部がへこんでいるところをいいます。基本的にある程度の張りは吉、欠けは凶と見ます。張り・欠けの形態は種々の場合があり、その細かい説明は複雑なものになりますので、一応原則としての考え方についてのみ記します。

分かりやすい数字を挙げて説明しますと、張り欠け共に三分の一というのがその基準となります。

建物の一辺の長さの三分の二以内がへこんでいる場合は〝欠け〟とみなし、反対に建物の三分の一以内の長さが出っ張っているものを〝張り〟とみなします。

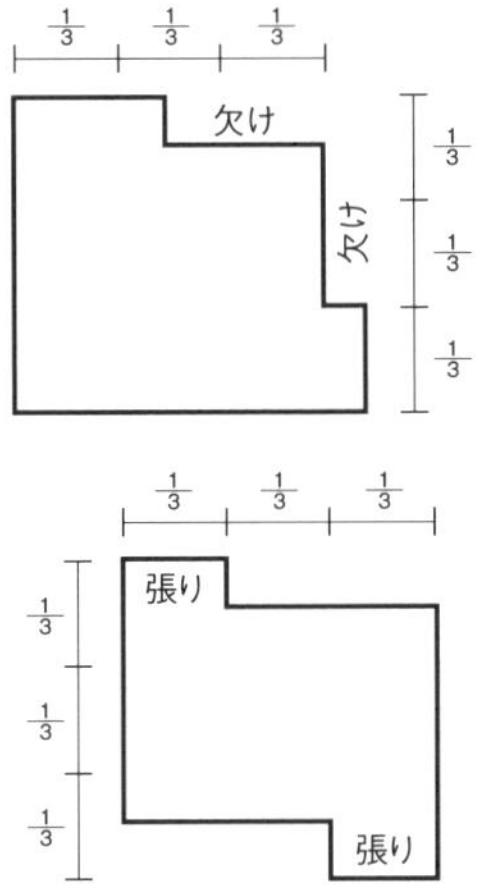

三所三備について

家相では「三所《さんしょ》」と「三備《さんび》」に重点を置いています。三所とは東北方（鬼門）、西南方（裏鬼門）及び中央の三ヵ所を指し、三備とは便所、かまど、井戸（あるいは浴室）の三つの設備を指します。三所は陰気、不潔になることを忌むとします。三備は日常生活に最も大切なところですから、これらの配置や施設を完全にしましょう。

神棚・仏壇の方位について

現在では神棚がほとんどですが、「神間」を設けるのが正式です。神棚は家の中央を避け、高い位置に設けますが、その下を人が通れるような場所は凶とされています。また、他に適当な場所がなく、二階が座敷や押入れの場合は、神棚の天井へ「雲」と書いた紙を貼ります。

神棚の方位

北に設けて南向きは吉。

西北に設けて東南向き、南向き、東向きは吉。

東北、西南の方位は、その方に設けても、向けても凶。

仏壇の方位

仏壇は宗派によってそれぞれ宗旨に合ったものを適切な位置に設けなければなりません。

西北に設けて東南に向けるのは吉。

西に設けて東に向けるのは吉。

北に設けて南向き、西向きは吉。

東に設けて西向き、南向き は吉、北向きは凶。

東北、西南の方位は、その方に設けても、向けても凶。

毎日の株式相場高低判断　十干十二支

きのえ	ね	急騰暗示
きのと	うし	利食い千人力
ひのえ	とら	買い出動
ひのと	う	人気にならない
つちのえ	たつ	乱高下注意
つちのと	み	買うところ
かのえ	うま	暴落予告
かのと	ひつじ	ガラガラ落ちる
みずのえ	さる	上下に小動き
みずのと	とり	まだまだ上がる
きのえ	いぬ	だまって買う
きのと	い	買いチャンス
ひのえ	ね	恐いが買う
ひのと	うし	目つむって買う
つちのえ	とら	ジリ貧
つちのと	う	ここからジリ高
かのえ	たつ	見切って乗り換え
かのと	み	下押しする
みずのえ	うま	大下落の危険
みずのと	ひつじ	整理場面
きのえ	さる	買ってよし
きのと	とり	売り準備
ひのえ	いぬ	見送る
ひのと	い	軟弱
つちのえ	ね	当分相場なし
つちのと	うし	泥沼　見切る
かのえ	とら	にわかに急騰
かのと	う	売るところ
みずのえ	たつ	売り待ちに戻りなし
みずのと	み	買い場近し
きのえ	うま	戻り売り
きのと	ひつじ	小動きに終始
ひのえ	さる	見送る
ひのと	とり	売りに利あり
つちのえ	いぬ	休むも相場
つちのと	い	買うところ
かのえ	ね	なりゆき買い
かのと	うし	買い方堅持
みずのえ	とら	買いひとすじ
みずのと	う	買いに利あり
きのえ	たつ	買い安心
きのと	み	買い一貫
ひのえ	うま	高値追い注意
ひのと	ひつじ	買って大利
つちのえ	さる	往来相場
つちのと	とり	急騰予告
かのえ	いぬ	弱きに推移
かのと	い	大相場の序曲
みずのえ	ね	もちあい
みずのと	うし	模様ながめ
きのえ	とら	売り一貫
きのと	う	中段もみあい
ひのえ	たつ	反発急騰あり
ひのと	み	売りは急ぐ
つちのえ	うま	強気を通せ
つちのと	ひつじ	動かない
かのえ	さる	意外高あり
かのと	とり	動きなし
みずのえ	いぬ	押し目買い
みずのと	い	もちあいばなれ

三土の年の調べ方

人生にはいろいろな変化があります。良いほうに向かっている時は良いのですが、悪い時にはなぜだろうと悩むことでしょう。

　去年まで万事順調に効果的な動き方をしていたのに、今年は初めから物事につまずき通しで、厄病神にでもつかれたのではないかと悩むことがあります。反対に、思いもかけない抜擢を受けて昇進したり、大儲けをすることもあるでしょう。なぜこのようになるのでしょうか。

　下の八角形の図を見てください。

　八方に分けた所に中央を加えた九つの場所に、それぞれ一歳から百歳までの年齢（数え歳）が記されています。そして、艮《ごん》（丑寅《うしとら》）、中央（中宮）、坤《こん》（未申《ひつじさる》）の三方を貫く斜線があります。この線上にある場所を傾斜宮（三《さん》土《ど》）と呼び、土星がつかさどります。この三土に入った年は、運命的に変化が起こる年といわれ、悪くも良くもなるものなのです。

　土は万物を変化させる性質を持っています。気学では、土性宮に入る人は、土性により運命の変化をもたらされる年となるとされています。

　この土性の年に、作家の太宰治氏が玉川上水に入水自殺（四十歳）、国鉄総裁の下山定則氏が事故死（四十九歳）など、実例は枚挙にいとまがありません。

　現在のように情勢変化の激しい時代を泳ぎきるには、運命の変化を先取りして凶運を吉運に切り換える方法を考え、万全を期すことが望ましいのです。

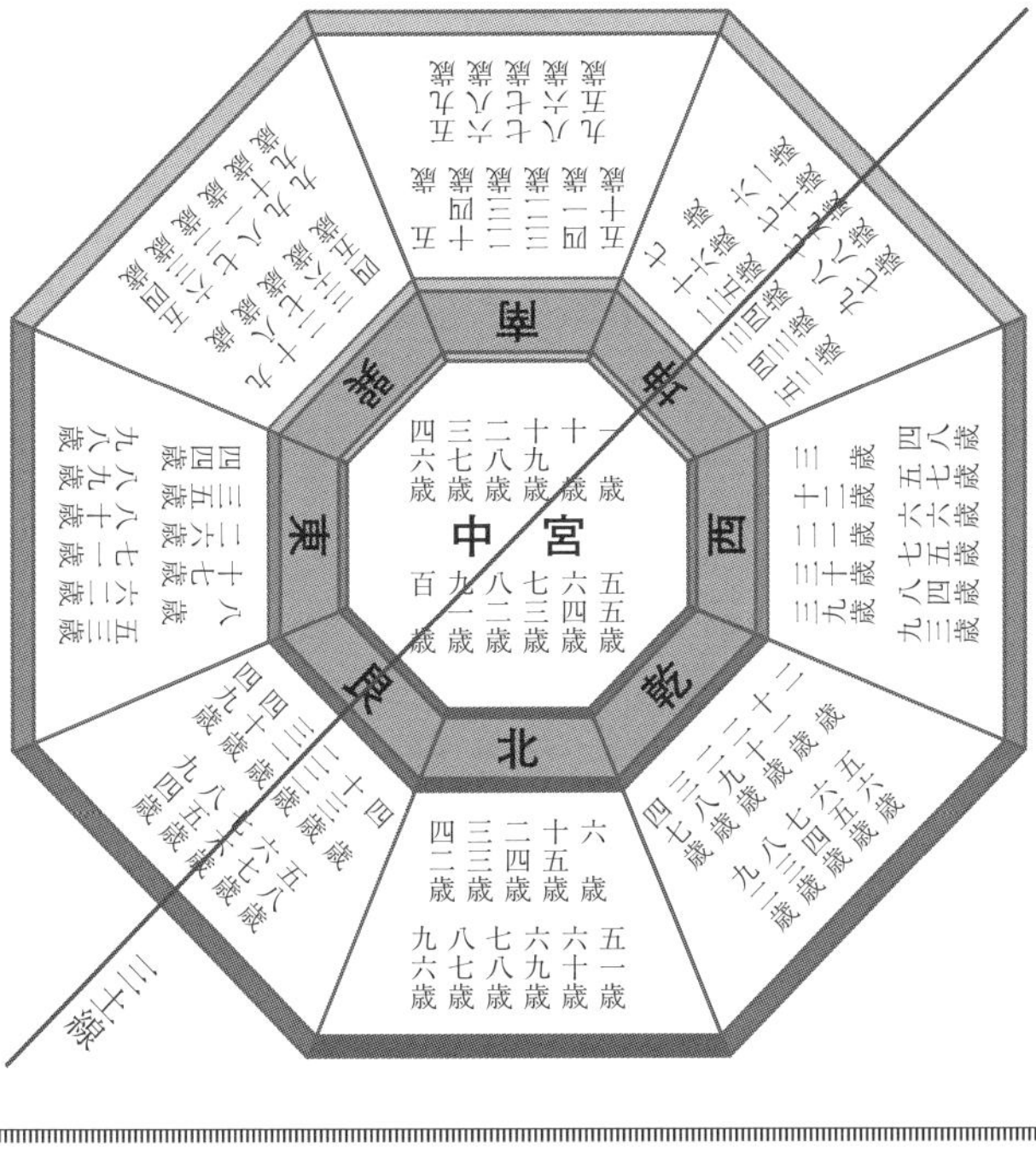

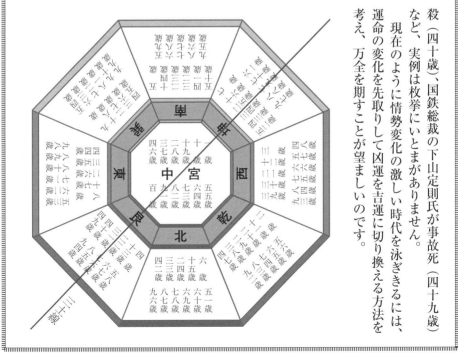

占いの名門!!
高島易断の運命鑑定・人生相談

読者の方のご相談に経験豊富な鑑定師が親切・丁寧にお答えします

①**本年の運勢**　**一件につき五千円**
特にご希望があればその旨お書き添えください。

②**移転、新築**　**一件につき五千円**
現住所と(移転先)新築場所・希望地を示した地図。
家族の氏名・生年月日を明記してください。

③**家相、地相、墓相**　**一件につき五千円**
建築図、地形図に北方位を明示したもの。
家族の生年月日を明記してください。

④**命名、撰名、改名**　**一件につき三万円**
誕生の生年月日、性別、両親の氏名と生年月日。
氏名にはふりがなをつけてください。

⑤**縁談**　**一件につき五千円**
当事者双方の氏名、生年月日。職業、学歴などを明記してください。相手方の両親との相性を希望する場合はその旨明記してください。

⑥**就職、適性、進路**　**一件につき五千円**
当事者の氏名、生年月日を明記してください。
決まっている所があればお書きください。

⑦**開店、開業**　**一件につき壱万円**
代表者の氏名、生年月日、開業場所の住所を明記してください。

⑧**会社名、社名変更**（商号、屋号、芸名、雅号含む）
一件につき五万円
業種、代表者氏名、生年月日を明記してください。

■**面談鑑定お申し込みに際してのご注意**
面談鑑定は予約制です。鑑定ご希望の場合は必ず事前に連絡して予約を入れてください。

■**通信鑑定お申し込みに際してのご注意**
お申し込みは申込書に相談内容の記入漏れがないようはっきりご記入のうえ、必ず鑑定料を添えて現金書留でお送りください。

●**お問い合わせ、お申し込み先**
〒108-0073　東京都港区三田2-7-9 サニークレスト三田B1
高島易断協同組合　鑑定部
フリーダイヤル0800-111-7805
電話03-5419-7805　FAX03-5419-7800

申込日　　年　　月　　日

鑑定申込書

生年月日	氏名	住所	相談内容（ご相談内容はできるだけ簡単明瞭にお書きください）
大正・昭和 平成・令和 年　月　日生	ふりがな	〒□□□－□□□□	
性別	電話番号		
男・女			
年齢			
歳			

☆ご相談内容は、すべて秘密として厳守いたします。ご記入いただいた個人情報は、運命鑑定以外の目的には使用しません。

高島易断の暦は
いつも、あなたのそばにあり。
毎月・毎日の好運の指針として、
きっとお役に立てることでしょう……。

令和五年 高島易断吉運本暦

蔵　版　高島易断
編　著　高島易断協同組合
発行所　株式会社ディスカヴァー・トゥエンティワン
〒102-0093
東京都千代田区平河町2-16-1
平河町森タワー11F
電　話　03・3237・8321（代表）
FAX　03・3237・8323

印刷製本　中央精版印刷株式会社
DTP　株式会社 T&K
発行日／2022年7月25日　第1刷
ISBN　978-4-7993-2887-3

定価は裏表紙に表示してあります。
乱丁・落丁本は小社にてお取替えいたしますので、
小社「不良品交換係」まで着払いにてお送りください。

■本書の記載内容についてのお問い合わせは、
つぎの所へお願いします。
高島易断協同組合
〒108-0073
東京都港区三田2-7-9 サニークレスト三田B1
電　話　03・5419・7805
FAX　03・5419・7800

版権所有
不許転載
登録商標
高島易断蔵版